취 향

"만들어진 끌림"

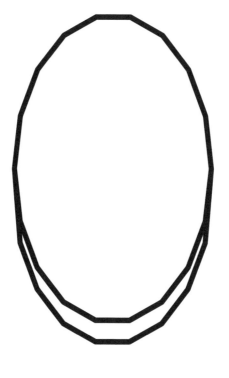

취 향

심귀연 지음

은행나무

이른바 취향의 시대다. 모든 가치는 결국 취향의 문제로 귀결된다. 모든 사람이 "이건 내 취향이야. 건들지마" 하고 말하는 듯하다. 그러나 모든 게 취향이다 보니, 모든 것에 이러저러한 간섭을 하는 것도 가능해진다. "그건 옳지 않아. 취향을 바꿔봐." 도대체 취향이란 무엇일까? 저마다의 고유성을 인정받고 그것을 표현할 수 있는 우리에게 도대체 무엇이 문제가 되는 것일까? 우리는 언제부터 취향과 기호에 열광하기 시작했을까? 그 와중에 왜 누군가의 취향은 존중받지 못하는 것일까? 취향에도 그걸누릴 가치가 있는 사람과 없는 사람이 있는 것일까? 취향의 시대에 우리가 잊고 있는 것은 무엇일까?

여기에 쓰인 이야기들은 모든 것이 취향으로 말해지는 지금, 우리가 묻고 생각해보아야 할 것들이다. 취향을알고 그것을 선택해야 한다는 단순한 이야기가 아니다. 취향은 사고팔리기도 한다. 그런 가운데 취향을 사지 못하는사람들도 있고, 취향이라는 덫에 갇혀 그것에 매몰되는 이들도 적지 않다. 도대체 취향은 무엇이고, 그것은 어떻게 공유되는가. 취향의 문제에서도 규범이 작동하는 것을 우리는 어떻게 이해해야 할까? 이러한 것들에 관한 이야기이다.

（1）

취향 마케팅,
취향을 좇다

유행이 된 취향

취향은 개인뿐 아니라 특정 시대 혹은 문화와 사회의 문제이기도 하다. 과거에는 취향이 그다지 중요한 문제로 대두되지 않았으나, 지금 우리에게는 매우 큰 문제 중하나가 되었다. 서양에서는 부르디외Bourdieu가 처음으로취향을 본격적으로 문제 삼아 연구했다. 그래서 취향에 관한 이야기 끝에는 항상 부르디외와 그의 취향 분석에 대한이야기가 나오기 마련이다. 사적인 영역에 속하던 취향이그를 계기로 사회적 영역에서 다루어지고 분석되기 시작했기 때문이다. 도대체 취향이란 무엇일까? 무엇이기에, 취향으로 사람이 사람을 평가하고 세계를 설명하는 것일까? 취향을 가졌다는 것은 자기다움을 스스로 획득했다는것을 의미한다. 그런 의미에서 취향은 결국 자기 욕구의다른 이름이다. 생명을 가진 존재들은 욕구하며 생을 유지해간다. 욕구가 없다면 생은 지속되지 않을 것이다. 그 욕구가 문화적으로 이해될 때 우리는 그것을 '취향'이라고하는 것이다.

나의 경우 시대적 취향이라고 하면 로코코 시대가 떠오른다. 아마도 좋아했던 만화 〈베르사이유의 장미〉* 때문일 것

---

*   1970년대 초 일본 만화잡지 〈마가렛〉에 연재된 작품으로, 1979년에는 TV 애니메이션으로 제작되어 인기리에 방영되었다. 우리나라에서는 1990년대 KBS를 통해 전 시리즈가 방영되었다.

이다. 그 만화로 프랑스혁명에 대한 서사를 처음 접했지만 기억에 인상 깊게 남아 있는 것은 혁명보다 레이스가 달린 핑크빛 드레스이다. 그 시대 사람들이 모두 레이스 등으로 화려하게 장식된 파스텔 톤 옷을 좋아하지는 않았을 것이다. 그럼에도 그것은 그 시대 패션의 특징으로 일컬어진다. 왜 그럴까? 평민들은 취향을 생각할 겨를이 없었을 뿐 아니라, 그들이 특별한 취향을 가지고 있다고 하더라도 관심을 받지 못하기 때문이다. 우리는 지금도 권력을 가진 사람들의 취향에 더 많은 관심을 가지지 않는가.

핑크와 레이스는 귀족들 사이에서 한때 유행하다가 나중에는 흔하고 평범한 것이 되어버렸을 것이다. 그 후에 그들은 다시 독특하고 귀한, 그래서 남들과 구별되는 고급스러운 취향을 필요로 했을 것이다. 그것이 무엇이든 유행이 되면 독특함을 잃어버리고, 또 다른 고급 취향을 찾게 되겠지만 말이다. 어쨌건 퐁파두르 부인*이 핑크 유행의 선도였다는 것은 분명하며, 그 이후 핑크는 여성적인 색으로 자리잡았다. 이처럼 시대적 취향은 그 시대의 분위기나 특징을 설명할 수 있으며 그 시대의 여러 현상 중에서도 가장 쉽게 드러나는 핵심적인 것을 이르는 것이다.

---

* 프랑스왕 루이 15세의 정부로, 루이 15세의 총애를 받아 후작부인이 되었다. 오랜 세월 사치 생활을 즐겼고 이러한 낭비가 프랑스혁명을 유발한 원인 중 하나라고 지목되기도 한다.

우리나라의 경우 20세기 초, 본격적인 근대사회로 접어들면서 '모던보이'나 '모던걸'이라는 말이 유행했다. 그 말은 우리에게 단발머리에 모자를 쓴 신여성의 모습을 연상시킨다. 영화 속 이미지 때문일까. 가끔 저 스타일이 내 취향인데 싶지만 정말로 그러고 나가면 영락없이 갸우뚱한 시선을 받을 것이다. 신여성이라 불리었던 김활란은 단발의 이유를 편리성이라고 말한다.* 치렁치렁 긴 머리는 머리를 감을 때도 잠을 자려고 누울 때도 걸리적거린다. 그런가 하면 어중간한 길이의 머리카락은 더운 여름날 머리끈으로 묶을 수가 없어 불편하다. 그런 번거로움은 짧은 단발머리를 하면 단번에 없어진다. 이처럼 근대적 특성, 바꾸어 말하면 근대적 취향은 그 시절 여성의 머리에서 옷, 건물에서 볼 수 있듯 효율성과 단순함으로 요약된다.

유행은 누가 이끌어갔던 것일까? 다수의 사람들은 여전히 조선의 복장을 하고 쪽진 머리를 하였을 것이다. 그러니 신여성 스타일을 그 시대의 보편적 스타일이라 말하기는 어렵다. 그럼에도 오랜 시간이 흐른 지금, 우리는 신여성의 취향을 그 시대의 특정으로 보고 있다. 물론 과거 관습 영향으로 충격과 머뭇거림이 있었겠지만, 몇몇 사

---

* 김진송, 《서울에 딴스홀을 허하라》, 현실문화연구, 1999, 181쪽 참조.

람들은 이전 시대와 구별된 고유의 취향을 만들어가기 시작했고, 그것이 오늘날 그 시대의 취향으로 여겨지게 된 것이다. 지금은 개인의 취향이나 스타일일 뿐인 단발이나 미니스커트 등의 유행이 1920년대에는 사회적 논란이었다. 그러나 1930년대 후반에 이르면서 그 유행은 더 이상 사회적 논란거리로 회자되지 않았고, 오히려 유행을 따르는 것이 더 보편적인 것으로 받아들여진다.* 취향은 유행을 불러오고, 개인의 취향은 시대적 취향으로 남기도 한다. 이처럼 개성적인 취향은 언제나 몰개성화되기 마련이어서, 늘 새로운 스타일을 추구하는 사람들의 시선은 한곳에 머물지 않는다. 그러나 전통적 스타일이나 변하지 않는 스타일을 고수하는 것도, 뭇사람들과 다르고 싶은 강한 욕망을 실현하는 것도 각자의 취향에 따른 선택일 뿐이다.

유행에 매몰된 취향

근대에 들어서 산업 자본주의와 소비 주체로서의 대중과 개인이 출현하기 시작했다. 자본주의의 출현과 함께 나타난 부유한 자본가들은 더 이상 귀족이 존재하지 않는 세상에 새로운 귀족으로 등극하길 희망했다. 그들은 선망

---

* 김진송, 앞의 책, 192쪽 참조.

하는 특권 계층에 속하고자 갖은 수를 다 동원했다. 특히 결혼을 통해 사회적으로 더 높은 계급으로 이동하려는 사람들이 많았다. 결혼 시장에서는 많은 거래들이 오갔고, 사람들은 결혼 시장에서의 가치를 높이기 위해 애를 썼다.

　이런 일은 오늘날에도 유사하게 벌어진다. 부유한 자본가들은 다양한 사적인 모임을 가지면서 저마다의 취향에 충실하기보다는 특정 계층의 일반화된 스타일과 문화생활을 즐긴다. 그것 자체를 즐기는 것이 아니라, 그러한 상류층의 문화를 즐기는 자기 모습에 만족하는 것이다. 그들은 욕망하는 것을 모방하는 행위에서 쾌를 느낀다. 고대 철학자 아리스토텔레스Aristoteles도 《시학》*에서 인간은 모방mimesis 행위를 통해서 즐거움을 얻는다고 말한 바 있다. 모방 즉, 미메시스는 이데아의 '모조'라는 플라톤의 《티마이오스》 속 개념에서 유래했다. 이데아라고 하는 진짜가 원본이라면, 미메시스는 진짜처럼 보이는 가짜이다. 예술은 미메시스이기에 플라톤은 예술을 경멸했으나 아리스토텔레스는 모방하고자 하는 욕구를 인간의 본성으로 규정하여 인간을 다른 동물과 구별하는 요소로 보았다. 신경과학에서는 모방 심리를 거울 뉴런으로 설명한다. 여기서 문제로 삼는 것은 욕구로서의 모방이나 예술적 행위로서의

---

*　詩學, 고대 그리스어로는 Περὶ ποιητικῆς(페리 포이에티케스).

모방이 아니라 모방과 취향의 관련성이다.

자본주의 사회에서 취향은 너무도 당연하게 돈에 의해 결정되고, 그리하여 자본은 권력이 된다. 힘을 가지지 못한 사람은 자신을 드러내지 못한다. 드러내서는 안 된다는 말이 아니라 드러낼 수 없다는 의미다. 취향을 가질 만한 경제적 여유가 없다면 마음의 여유가 있다고 해도 드러나지도, 내기도 어렵다. 그래서 자본이 없는 사람들은 취향이 '없다'고 인지되기도 한다. 취향을 통해 사회적이고 경제적인 신분이 드러난다고도 보는 듯하다. 그래서 취향이 사회 계급을 유지시키며 개인의 계급적 정체성을 규정한다는 부르디외의 분석은 아직도 의미를 갖고 회자된다. 특히 자본은 취향을 형성하는 바탕이 되고 그렇게 형성된 취향은 유행이 되어 자본가들의 자본을 불려주는 역할을 한다.

유행trend이 어느 사회 안에서 일정한 기간 동안 일정한 수의 사람들에게 공유되는 사회적 동조 현상이라면, 그 유행의 대열 속에 있지 않은 사람들은 유행을 거부하거나 유행을 따를 수 없는 사람들일 것이다. 유행을 거부하는 이들은 새로운 유행을 선도하거나 뭇사람들과는 다른 독특한 자신을 드러내 보이고 싶은 욕망이 훨씬 큰 사람들일 수 있으며, 유행을 따를 수 없는 사람이라면 그럴 여력이 없어 포기한 상태일 수도 있다. 언뜻 같아 보일 수 있지만, 자세히 살펴보면 전혀 다르다는 사실을 금방 확인할 수 있다. 유행을 거부하는 사람들의 스타일은 종종 낯설면서도 고급지다. 고급지다는 말에도 여러 의미가 포함되어 있겠지만, 여기서는 자세히 설명하기보다 우리의 직관이 공감하는 정도로 사용하려 한다. 중요한 것은 유행을 모방하고자 하는 인간의 공통된 욕망을 거스르고자 하는 욕망 또한 마찬가지로 차별화 욕망과 집단 소속 심리에 따른다는 것이다. 그것은 배제에 대한 불안 해소와 집단 정체성의 강화로 설명될 것이다.

우리는 취향과 소비의 관계를 생각하지 않을 수 없다. 사람들은 유행에 따르면서도 획일성에서 벗어나고자 하며, 개성을 추구함으로써 정체성을 드러내려 한다. 유행은 끝없는 유혹이다. 순응할 것인가, 저항할 것인가? 집단에 매몰되지 않는 나의 진짜 모습은 무엇인가? 하이데거는 순응하는 삶을 비본래적이라고 했다. 그렇다면 '나는 나야!'라거나 '다들 이쪽으로 간다면 나는 저쪽이다!'라고 외쳐야 본래적 삶인 것일까? 그러나 모든 삶은 존중받아야 하므로 모든 선택 또한 존중되어야 한다.

도대체 유행은 누가 만들어가는가? 대중이 소비자가 되어 기획하고 주도하는가, 자본이 대중의 욕구를 움직이는가? 아니면 서로 공모하는가? 이러한 물음들에 명확히 답하기는 어렵다. 유행은 소비를 부르고 소비는 다시 유행을 부추기는 와중에 개성은 사라져가는 듯하지만, 다시 '나'라는 욕구는 꿈틀거리며 비집고 나온다. 이것이 근대성의 단단한 힘이다. 지난해 유행했고 올해는 더 이상 사람들이 입지 않는 옷을 꺼내 입으면 이상해 보인다. 유행을 따라가지 못하면 마치 뒤떨어진 사람처럼 느껴진다. 지그문트 바우만이 《유행의 시대》에서 말하듯 우리는 소비 시장에 의해 '식민화'되고 '착취'되며 종속된 것일까? 그럴 순 없지. 그래서 다시 새로운 것에 고개를 쑤욱 내미는 것이다.

아마도 이와 관련해서 일어나는 독특한 현상이 B급 문화*와 비주류 문화에 대한 관심이 아닐까 싶다. 한국의 집단 쏠림 현상은 가히 세계적이고, 때로는 국가를 이끄는 저력으로 나타나 변화의 계기가 되기도 한다. 그렇다면 왜 B급 문화와 비주류 문화에 사람들이 관심을 갖는지 묻지 않을 수 없다. 단순히 소외된 욕망의 표출 때문이라고 말하기는 뭔가 아쉽다. 비주류 자체에 매력이 있기 때문일 수도 있다. 그것은 확실히 유행과 구별되는 취향이다. 게다가 B급 문화는 하나의 스타일로 묶이지 않는, 그래서 보편화될 수 없는 문화다. 유행이 될 수 없다는 점에서 B급

---

*   1930년대 힐리우드 메이저 영화사의 작품에 끼워팔기용으로 만든 저예산 영화를 의미하는 'B급 영화'에서 유래한다.

문화는 자기만의 취향을 사랑하는 이들에게서 관심을 받지 않을 수 없겠다.

우리 사회는 1%의 승자가 대부분의 것을 가져가는 사회이다. 그렇다면 그 많은 나머지 99%의 희로애락은 어디로 갔을까? 그 목소리들은 왜 드러나지 않는 것일까? 왜 우리는 그 1%를 닮아가기 위해 자기 목소리를 숨기는 것일까? 이러한 의문과 반성이 B급 문화를 만들어냈다고 본다. 다시 말해 B급 문화에는 우리 사회의 변화와 개혁의 열망이 담겨 있는 것이다. 그래서일까. 한동안 "삐뚤어질 거야!"라는 말이 유행처럼 돌기도 했다. 다소 반항적이면서도 선정성과 폭력성이 가미된 마니아적인 문화 코드라 하겠다.

취향을 기획하다

유행이 기획되듯 취향도 기획된다. 어쩌면 취향의 기획 역시 진부해지고 일반화되기 시작했을지도 모르지만, 일본의 츠타야TSUTAYA는 취향을 마케팅한 서점이라고 말할 수 있다. 츠타야에서는 요리를 좋아하는 사람이 요리책을 찾기 위해 관련 코너로 갔다가 그릇을 사기 위해 그쪽 코너로 발길을 옮길 필요가 없다. 요리와 관련된 모든 것이 한곳에 진열되어 있기 때문이다. 책과 문구, 그릇, 옷을 비롯한 모든 것이 하나의 라이프스타일로 묶여서 제안되고 있으며, 소비자는 그 카테고리 안에서 저마다 취향을 선택하고 완성한다.

이와 비슷한 곳이 우리나라에서는 '복합문화공간'으로 나타나고 있다. 도시마다 다양한 복합문화공간이 핫플레이스로 뜨고 있지만, 정작 가보면 정말로 문화가 나열되었을 뿐이라는 생각만 든다. 여러 코너로 나뉘어 주제에 따라 도서 등을 진열해두었지만 책은 책대로, 소품은 소품대로 놓여 있는 경우가 많고 간혹 주제별로 지도, 책, 가방 등의 관련 상품을 모아둔 곳을 발견할 수 있을 뿐이다. 오히려 이러한 대형 공간보다는 최근 곳곳에서 문을 연 여행, 요리, 와인 등 하나의 테마에 집중하는 작은 가게에 더 눈길이 쏠린다. 오히려 취향을 파는 가게나 복합문화공간에서 취향은 자유로워지는 것이 아니라 오히려 자본의 기획에 의해 갇혀버리는 듯하다.

이처럼 우리는 자주 취향을 제안받는다. 그 안에서 나만의 취향을 가질 수 있을 것인가? 취향은 내가 만들어가는 것이 아니라 철저한 기획 속의 한 양상일 뿐인 걸까? 나의 욕망은 나의 것이 아니라 타인의 것이었을까? 타인에 의해서 부추겨진 것일까? 무심코 "열심히 일한 당신, 떠나라!"라는 광고 문구를 보고서 마치 숨겨졌던 욕망을 발견한 것처럼 여행을 떠나기 위한 준비를 하러 나서지는 않

요코하마의 츠타야

2019년 겨울, 요코하마의 밤거리에서 만난 츠타야. 츠타야는 라이프스타일에 따라 제품을 진열하는 독특한 공간이다. 쏟아지는 정보의 숲에서 무엇을 선택해야 할지 헤매는 이들에게 츠타야는 친절하게 '취향'을 제안하고 있다. 분홍색 커버의 수첩을 사서 츠타야의 스타벅스에 앉아 메모를 했다. 취향이 기획되는 공간이었다.

았을까? 자리를 박차고 나섰지만 무엇을 해야 할지 모르는 나를 위해 이미 기획자들은 여행 가이드북, 여행 모자, 여행을 위한 신발, 옷, 선크림과 카메라, 노트, 지도까지 준비해두었을지도 모른다. 이런 기획자들의 도움이 없었다면 나는 여행을 떠날 수 없을까? 그렇진 않다. 여행지를 고를 책 정도나 손에 쥐고, 고작 속옷 몇 벌과 카드와 돈이 든 배낭을 메고서 떠났을 것이다. 그렇게 해도 여행에 무리는 없다. 얼굴이 좀 타면 어떻고, 카메라에 찍힌 내 모습이 좀 우스우면 어떠랴. 다만 내 여력을 살피면 된다. 나는 어디까지 가능한가.

어느 날 도시 여성의 이미지는 한손에 모 브랜드의 테이크아웃 커피잔을 들고, 머리에는 선글라스를 이고, 어깨에는 빅백을 걸치고 걸어가는 모습으로 기획되어 나타났다. 그 후 너도나도 일회용 커피잔을 들고 다니기 시작했다. 하지만 환경 문제가 심각해져 친환경에 대한 관심이 높아진 후로는 텀블러를 가지고 다니는 것이 유행하고 있다. 어느새 다양한 텀블러들이 시장에 나타나 새로운 소비와 취향을 부추긴다. 기후와 환경 문제마저도 마케팅의 대상이 되어버린 것이다. 의도야 어쨌든 환경을 보호한다는 목적에 기여한다면 문제가 될 것은 없겠다. 때로는 결과에 의해 의도가 규정되기도 한다. 메를로퐁티는 《지각의 현상학》 중 '자유' 장에서 숙고 후에 결심하는 것이 아니라 결심 후에 숙고가 따른다고 말한다. 결단과 선택 후에 그 원인을 찾을 수 있다는 말이다. 선택이 없었다면, 그것의 동기가 무엇이었고 원인이 무엇이었는지 찾을 필요도 없다.[*]

흔히 "너만의 스타일을 가져!"라고 말하지만 과연 나만의 스타일이라는 게 있을까? 자유로운 선택에 방해나 장애가 되는 모든 조건조차 자유의 장에 펼쳐져 있음은 너무나 분명하다. 조건 없는 선택은 애초에 불가능하다. 유행이나 과시적 소비를 좇지 않고 고유한 나로서 진정한 '개별성', 대체불가능한 존재로서 '단독성singularity'을 가지거나 유지할 수 있을까? 어차피 불가능하다면 유행을 선도해보는 것은 어떨까? 어쩌면 그것이 나만의 사소한 사치라면 사치일 것이다.

돈이 없어서 유행을 선도할 수도 따를 수도 없다면, 싼값으로나마 취향을 표현해보자. 이러한 선택을 우아하게 대변해줄 예술 장르가 있다. 바로 '키치kitch'다. 키치는 '싸게 만들다'라는 뜻의 독일어 베르키첸Verkitchen에서 그 이름을 따왔으며 저속한 사물이나 행위를 가리키는 말이다. 진품이 아니라 싸구려 복제품이라는 것이다. 하지만 진품인들 복제품인들 어떠랴. 그 여부가 스타일을 결정하

---

[*] 모리스 메를로퐁티, 《지각의 현상학》, 류의근 옮김, 문학과지성사, 2002, 649~650쪽 참조.

는 것은 아니다. 그 둘은 분명히 다르지만 무엇이 더 낫다고 딱 잘라 말할 수는 없다. 요즘에는 사람들이 진품과 복제품을 구분 짓는 일에 딱히 관심을 두지 않는 것처럼 보이기도 한다.

키치가 싸고 일회적인 것의 가치를 좇는 취향이라면, 오래되고 낡은 것의 가치를 좇는 '빈티지vintage' 취향도 있다. 둘은 전혀 다르지만 획일적인 스타일에서 벗어나 자기만의 가치를 추구하고자 하는 욕망과 관련되어 있다는 점에서는 비슷하다. 하지만 키치도 빈티지도 유행이 되면서 고유성을 상당 부분 잃어버리고 말았다.

오늘날이 취향의 시대인 것은 부정할 수 없다. 취향의 시대에 나만의 스타일을 가지려면, 취향에 매몰되지 않으려면 자신을 기획해야 할 것이다. 주어진 것 중에서 선택할 수밖에 없다면, 설령 내가 새롭게 만들어낸 것이라 생각할지라도 그 또한 결국은 이 사회 안에 속해 있다는 점을 인정하자. 그렇다면 취향의 기획과 선택에서 조금은 더 자유로워지리라.

취향이란 무엇인가?
취향과 기호

당신의 선택은?

자유의 물결은 근대 이후 밀려온 것들 중 가장 강렬한 흐름이었다. 자유는 우리에게 개인으로서 살라 했고, 그렇게 살다 보니 나 이외의 타자에 대해 생각하려는 마음도, 생각할 겨를도 없어진 것 같다. 그렇게 살다가 우리는 놓치고 있던 사실을 뒤늦게 발견했다. 바로 인간이란 존재 자체가 더불어 사는 관계적 존재라는 것, 그래서 나를 찾기 위해서는 내가 누구와 어디서 어떤 환경에 있는지를 살펴봐야 한다는 사실이다.

취향의 시대라고는 하지만 취향을 선택할 때 가질 수 있는 자유의 정도는 저마다 다르다. 저마다 살고 있는 환경이 다르다는 것이다. 우리는 자신이 살고 있는 사회와 문화의 영향을 받지 않을 수 없다. 받는 영향의 크기가 다를 뿐인데, 그 영향 역시 저마다의 성향에 따라 달라진다. 같은 공간과 시간에 사는 사람들이라 하더라도 다른 선택을 한다. 그러한 선택들이 모여 공동의 생활환경을 만든다.

인간에게 자유라는 것은 조건을 바꾸고 환경을 바꿀 수 있는 힘을 의미한다. 그것은 타자에 대한 일방적인 강요, 배제, 제거 따위를 의미하는 것은 아니다. 이 힘을 어떻게 사용하는가에 따라 타자와 관계 맺음의 방식도 달라진다. 뿐만 아니라 관계 대상 즉, 지향하는 대상에 따라 관계 맺음의 방식이나 정도가 다르다. 관계를 결정하는 방식이

나 관계의 정도가 나 자신에게 전적으로 달려 있다는 것이 아니라 관계하는 대상에 의존하기도 한다는 것이다. 그러니 나의 취향이 전적으로 내 것인지 아닌지 정확히 알아보려 애쓸 필요는 없다. 그마저도 나의 선택이기 때문이고, 그 선택의 명확한 이유를 찾기도 어렵기 때문이다. 오히려 자신의 취향이 무엇인지 살펴보고, 취향의 선택에서 자신이 어느 정도로 자유로운지만 확인해보는 것이 더 낫지 않을까?

이제 취향이라는 단어의 뜻을 확인해보자. 취향趣向, 한자 뜻을 살펴보면 '무엇을 하고 싶은 마음이 생기는 방향 또는 그런 경향'을 의미한다. 취향은 마음이 가는 방향이니, 생각이나 의지로 정하는 것은 아닐 것이다. 그래서 취향을 발견한다고 말하는 것일 테다. 물론 취향을 의도적으로 만들어내려고도 하겠지만, 그런 경우 오래 가지 못하거나 즐거움이 되지는 못한다. 그러니 취향은 의지가 아니라 결국 끌림이다. 취향 선택에는 어떤 객관적인 기준이 없다. 내가 무엇을 선택할 때 굳이 그 선택에 대한 객관적인 기준을 찾으려 애쓸 필요도 없다.

지금 이 글을 쓰는 나는 집 앞 작은 카페에서 테이크아웃해온 진한 커피를 마시고 있다. 흔한 일상의 풍경이다. 집에서 내려 마시는 것도 좋지만, 바람도 쐴 겸 나갔다오는 날이 많다. 집에서 내리는 것이나 카페에서 사는 것이나 가격 차이도 별로 없고, 조금 멀리 가서(집의 부엌보다는) 가지고 오는 수고로움과 집에서 직접 내리고 컵을 씻는 번거로움 중에서 선택했을 뿐이다. 맛도 크게 문제되지 않으니 내게 주어진 조건에서 최선이다. 그렇다면 테이크아웃 커피가 내 취향인가?

커피가 내 취향인 건 맞다. 녹차는 아무리 취향으로 만들어보려 해도 안 되었다. 녹차를 여유롭게 마시며 글쓰는 나를 상상해보기도 했다. 좀 멋지지 않나 생각했지만 너무 번거롭고, 맛도 내 취향이 아니다. 커피를 선택한 것은 글을 쓰는 사람과 커피가 어울린다는 어떤 등식에 따른 것이 아니라, 그저 커피에 끌렸을 뿐이다. 어쩌면 커피의 향과 맛보다는 커피가 주는 이미지와 분위기에 끌렸을지도 모른다. 녹차보다는 커피와 함께하는 분위기가 내게는 더 멋지게 느껴진다. 결정해놓고 억지로 이유를 찾는 듯하지만 틀린 말은 아니다.

이유야 어쨌든 커피를 마시면서 글을 쓸 때 집중도가 높아지는 것은 분명하다. 만일 카페인 때문이라고 말하고 싶다면, 커피에만 카페인이 있는 것은 아니라는 사실을 떠올려보길 바란다. 물론 카페인의 영향도 있을 것이다. 이처럼 우리가 무엇인가를 선택할 때, 그 선택의 이유가 단 하나인 것은 아니다. 게다가 글을 쓸 때마다 커피를 선택하는 것도 아니니, 이유에 따른 선택도 정해져 있지 않다.

결국 취향은 끌림인 것 같다.

영어에서 취향taste이 맛, 미각, 입맛 등의 의미를 함께 지니는 것도 이런 맥락에서가 아닐까. 어렸을 적에 싫어하던 음식이 어른이 되어서는 좋아지기도 한다. 그저 나이 든 탓이겠거니 한다. 맛이란 내 몸이 원하는 무엇이며, 그에 따라 즐기고 좋아하는 것을 '기호'라고 할 수 있겠다. 늙어가는 몸이라는 일반화에 맛의 경향을 묶어두지는 말자. 비슷한 입맛을 가진 것은 나이 때문이라기보다 삶의 패턴이 유사하기 때문일 것이다.

취향이 어떻게 생겨나는지에 대한 논의는 분분하다. 그런데 사람들이 일반적으로 좋아하는 것이 있다. 태어나자마자 가장 먼저 끌리게 되는 것, 바로 단맛이다. 이 취향은 생의 욕구와 연결된다. 미국 모넬 화학감각연구소장 게리 보챔프Gary Beauchamp는 《취향의 탄생You may also like》의 저자 톰 밴더빌트Tom Vanderbilt와의 대화 중에 '인간의 모든 즐거움이 설탕에서 시작된다'고 말한다.* 우울할 때 여러분은 무엇에 손이 가는가? 피곤하고 지칠 때는? 우리는 습관적으로 '단 것'을 찾는다.

취향 중에 맛, 미각에 대해 더 깊이 생각해볼 필요가

---

*   톰 밴더빌트, 《취향의 탄생》, 박준형 옮김, 토네이도, 2016, 31~32쪽 참조.

있다. 맛은 혀에서만 오는 것이 아니고, 혀의 특정한 부위에서 그 맛이 결정되는 것도 아니다. 맛은 분위기와 기분에 따라 혹은 함께하는 사람에 따라 달라진다. 그래서 같은 맛이란 있을 수 없다. 그럼에도 우리가 맛에 관한 취향을 말하는 것은 일종의 패턴화이고 개념화이다. 그래서 취향은 매우 사적이면서도 사회적인 경향이 있다. 예를 들어 중국인이 좋아하는 색은 붉은색이고, 미국인이 좋아하는 색과 숫자는 파랑과 7이라고 한다. 이처럼 특정 국가 사람들이 대체로 좋아하는 것들이 무엇인지 말할 수 있는 것은, 개인의 취향에 그가 속한 사회의 문화가 결정적인 영향을 미친다는 사실을 보여준다. 취향은 선천적으로 타고나는 것이라기보다는 문화적인 영향을 받아 형성되는 것이다.

취향이 무엇인지 말할 수는 있겠지만, 왜 그런 취향을 갖게 되었는지 설명할 수는 없다. 취향은 좋아하는 것이다. 좋아하는 것을 설명하기 위해서는 좋아하는 이유를 객관화시켜 설명해야 한다. 나는 귀걸이, 문구류 등을 좋아하는데, 특히 펜을 아낀다. 마음에 드는 펜을 가졌을 때 더없이 즐거워진다. 누군가 내게 "그 많은 펜 중에서 왜 하필 그게 좋아?" 하고 묻는다면 나는 정확하게 설명할 길이 없다. 이유를 명확히 말할 수는 없지만 좋아하는 건 분명하다. 그러나 좋아하는 것보다 싫어하는 것에 대한 인식이 훨씬 더 뚜렷하다. 무엇이 좋다고 느낄 때보다 싫다고 느낄 때, 우리는 더욱 강한 감정과 이유를 갖게 된다. 심지어는 즉각 온몸으로 거부하게 되기도 하는데, 이런 감정을 '혐오'라고 말한다.

　　무언가를 좋아하는 이유를 딱 잘라 말하긴 힘들어도 애써 찾아볼 수는 있다. 나는 컵라면을 무척 좋아한다. 컵라면을 먹으면 열심히 살고 있다는 느낌도 들고, 부드러운 면발과 국물도 마음에 쏙 든다. 더 직접적인 이유는 사실 '간편함'일지도 모른다. 이 이유를 가장 뒤늦게 말하는 것은 강조하고 싶어서가 아니라, 나의 게으름을 감추고 싶은 마음 때문이다. 그렇다면 컵라면은 내 취향인가? 즐겨 먹지만 취향이라고 말하고 싶지는 않다. 취향이라면 좀 더 그럴 듯한 것이어야 하지 않을까? 사람들은 취향으로 한 사람의 인품이나 격조를 평가하기도 하니까. 철학자 에드먼드 버크Edmund Burke에 따르면, 취향은 자주 바뀌기 때문에 그것이 무엇인지 명증하게 정의 내릴 수 없다고 한다. 특히 기호는 더욱 그러하다. 사람들에게 자기가 좋아하는 것을 설명할 수 없을 때 "그게 내 기호야" 하고 말하면 그뿐이다. 기호는 모든 것에 대한 설명이 될 수 있지만, 바로 그렇기 때문에 어떤 설명도 되지 못하기도 한다.

선택의 이유 혹은 조건은?

선택에 이유는 없다. 굳이 말하자면 선택한 후 그 이유를 생각할 뿐이다. 무언가를 선택하는 기준이 취향에 있기도 하겠지만, 무심코 반복적으로 선택한 것이 습관과 취향이 되기도 한다. 여행을 한다고 생각해보자. 마음에 쏙 드는 여행지를 단번에 고르기란 어렵다. 단점과 장점을 비교해보고, 주변 사람들에게 슬쩍 물어도 보면서 내 취향에 맞은 여행지를 좁혀 나간다. 마침내 선택된 여행지는 필연의 선택처럼 느껴진다. 사람들은 자신이 선택한 것에 대해 후회하고 부정하는 것이 긍정적인 효과를 가지고 오지 못하리라는 것을 알고 있어 자신의 선택을 정당화하기도 한다.

나는 무엇을 선택할 것인가? 예전에 좋아했던 기억으로 어떤 것을 선택하기도 하겠지만, 그것만으로 선택의 이유를 온전히 이해할 수는 없다. 선택의 조건이나 배경이 먼저 이해되어야 한다. 선택할 수 있는 무언가가 있어야 선택도 가능하기 때문이다. 옷을 사러 대형 매장에 들어갔다고 생각해보자. 옷이 많으므로 틀림없이 원하는 옷을 살 수 있을 거라 확신할 수 있는가? 곧 살 것처럼 이런저런 옷을 입어보다가 결국 아무것도 고르지 못하고 빈손으로 나오기 십상이다. 차라리 매장 직원이 옷을 추천해서 선택지를 좁혀준다면 선택이 훨씬 쉬울지도 모른다. 조건과 환경이 선택에 영향을 미친다는 사실을 경험하는 순간이다.

선택에 영향을 미치는 조건 중에는 장소와 시간도 있다. 서양에서 아침식사는 다소 단출한 반면, 저녁식사는 푸짐하다. 그런가 하면 한국에서는 많은 사람들이 '밥심!'이라 말하며 아침에 든든하게 먹어야 하루를 활기차게 보낼 수 있다고 생각한다. 그러나 위에 부담을 주는 음식은 꺼려지고, 바쁜 아침에 번거로운 식사를 하고 싶지는 않다. 가볍고 영양가 높은 음식을 선택하는 것이 좋겠다. 어떤 것을 고를까? 인스타그램을 보던 중, 누군가가 출근 전에 플레인 요거트에 아몬드와 블루베리를 넣어 먹는 사진이 보인다. 플레인 요거트의 깔끔함에 아몬드의 구수함과 블루베리의 새콤한 맛이 더해져 하루를 생기 있게 해줄 것 같다. 딱 내 스타일이다! 이게 내 취향이지. 취향으로 결정하는 데 별로 망설임이 없다.

빵을 즐기는 지인이 내게 빵을 사 줬다. 유기농 통밀빵이었다. 요새 젊은 사람들의 취향이라고 했다. 사실 내 취향은 크림이 듬뿍 들어간 달달한 빵인데, 취향을 바꿔볼까 고민되었다. 이런 경우 취향을 바꾸려는 사람도 있겠지만, 내 미감이 원하는 대로 하기로 결정했다. 한편 육고기는 도축 과정을 알게 되면서부터 예전만큼 좋아하지 않게 되었다. 안 좋은 냄새도 나는 것 같고, 먹고 난 뒤 더부룩한 느낌도 심해졌다. 이렇게 취향은 여러 조건에 영향을 받게 되는데, 가장 큰 조건이 자기의 몸이 세계와 관계 맺는 방식이라 하겠다. 몸이 세계와 관계 맺는 방식이란 '생태적 삶을 살 것인가 미니멀한 삶을 살 것인가 아니면 자본에 충실한 삶을 살 것인가'와 같은 것이며, 이러한 삶의 방식에서 취향을 가늠하기도 한다.

어떻게 보면 취향은 일종의 학습이다. 유튜브 먹방은 우리를 먹거리로 향하게 한다. 커다란 숟가락으로 음식을 떠서 입 안 가득 넣어 먹는다던가, 여러 가지 매운 소스를 발라 땀을 뻘뻘 흘리면서 먹는 모습을 보면, 그것이 내가 평소 좋아하는 음식이 아니라고 해도 한번쯤 먹어보고 싶은 마음이 생긴다. 마음속으로 '저건 내 스타일이 아니야!' 하고 외치면서도 어느새 그 음식을 즐겨 먹는 자신을 발견하게 되기도 한다.

나는 내 취향을 능동적으로, 자유 의지에 따라 만들어가고 있을까? 취향이 강요되고 있는 것을 깨닫지 못한 채 속고 있는 것은 아닐까? 그렇다면 그 취향은 가짜가 아닐까? 하지만 취향이 가짜든 진짜든 중요하지 않다. 사람들에게 내 취향의 진정성과 이유를 증명해보일 필요는 없다. 어떻게 만들어지는 취향이라도, 앞서 말했듯 마음의 경향, 끌림의 일종이다. 이제 취향이 무엇인지 묻는다면 '이유 불문하고 빈번하게 선택하는 것들의 총합으로 형성된 어떤 분위기'라고 말해도 되겠다.

취향에도 이론이 있을까?

미적 능력을 판단하는 취향taste이라는 용어가 예술적 판단력의 의미로 등장한 것은 18세기 영국에서였다.[*] 그것을 가장 잘 보여주는 예로 칸트Kant의 《판단력 비판》과 흄Hume의 《취미의 기준에 대하여》가 있다. 칸트는 미적 취향이 도덕 감정을 불러일으킨다고 보았다. 특히 자연미와 숭고미가 그러하다. 실러Schiller 또한 미적 취향이 덕에 대한 취향이라고 하면서 도덕을 장려한다고 설명한다. 물론 취향에 대해 사회학적으로 접근한 부르디외의 '구별짓기'도 빼놓을 수 없다. 그러나 디마지오Dimagio는 부르디외의 고급문화와 대중문화의 구별이 현대사회에서는 모호하고 교차한다고 비판한다. 여가활동에 더 많은 소비를 하게 된 현대인들은 계층 간의 구분에 상관없이 전통적인 고급문화를 선호하여, 그러한 문화는 이제 여러 매체를 통해 대중화되어 접근 가능하게 되었다.[**]

대개는 자신의 취향에 따라 어떤 것을 선택함으로써

[*] 이승일, 장윤정, 「도시민의 문화자본과 문화적 취향분화-관람형 여가소비를 중심으로-」, 《도시인문학연구》 1권 1호, 도시인문학연구소, 2009, 67쪽 참조.

[**] 김주휘, 「실러의 미적 교육론: 미가 인간의 도덕적 삶에 기여하는 방식-미적취향과 형식충동을 중심으로-」, 《범한철학》 86권, 범한철학회, 2017, 207~208쪽 참조.

스타일을 완성하겠지만, 자기가 좋아하는 것을 더 오래도록 좋아하기 위해 선택을 자제하는 경우도 있다. 우리는 쾌락의 양보다 질이 더 중요하다는 철학자들의 말을 기억할 필요가 있다. 그들은 신체적 쾌락은 결국 오래가지 못할 뿐 아니라 질적으로도 떨어진다고 판단하였다. 헬레니즘 시대의 철학자 에피쿠로스Epicouros는 마음의 평정(아타락시아ataraxia) 즉, 정신적 쾌락을 우선시했다. 근대 철학자 칸트도 신체적 즐거움에는 관심이 없었다. 쾌가 감각에서 온다면, 그것에 어떤 신뢰를 기대할 수도 없다. 그러니 그에게서도 지속가능한 쾌는 전적으로 정신적인 것이어야 할 것이다. 그럼에도 불구하고 칸트는 취미판단을 통해서 플라톤주의로부터 거리를 두고자 한다(플라톤은 소문난 관념주의자가 아닌가. 그는 이데아만이 진리라고 말하고 있으며, 그에게 현실과 감각은 허상이다). 플라톤의 미는 이데아이고, 아름답기 때문에 쾌를 느낀다. 하지만 칸트는 쾌를 느끼게 하기 때문에 아름다운 것이다. 특히 칸트는 음식에 대한 취향을 본능적·개인적·주관적인 것이라 했다.[*] 칸트는 쾌에 대한 판단을 '취미판단Geschmacksurteil'이라고 한다. 그에게 미에 대한 판단은 주관에 관련되어

---

[*] 톰 밴더빌트, 《취향의 탄생》, 박준형 옮김, 토네이도, 2016, 37쪽 참조.

있기 때문에 인식판단이 아니다. 그럼에도 칸트의 미적 판단은 보편성을 가진다. 칸트는 《판단력 비판》에서 그것이 어떻게 가능한지 밝히고 있다.

우리말 '취미' 또는 '취향'으로 번역되는 'Geschm‐ack'가 영어로는 'taste'로 번역된다. 칸트의 취미판단은 아름다움에 대한 쾌감이지만 이미 말했듯이 취미, 또는 취향은 기본적으로 미각과 관련한 쾌감이다. 그러나 미각이 단순히 감각적인 것이라면, 칸트는 그것에서 보편성을 확보할 수 없을 것이다. 알 수 없고 설명될 수 없는 끌림으로 형성된 취향은 다른 이들과 공유될 수 없는 것일까. 칸트에게서 '끌림'은 지극히 주관적 행위일 뿐이다. 칸트는 어떤 도덕이라고 하는 것이 끌림으로 행해진다면, 그것은 도덕이 아니라고 말한다. 감각적인 쾌는 믿을 수 없는 것이자 전적으로 사적인 것으로서, 논의 선상에 오를 수 없는 대상이다. 논의될 수 있는 것은 객관적인 것이어야 한다. 그러나 감각적인 쾌는 저마다 달라 결코 객관적인 기준을 가질 수 없기 때문에 오늘 좋았던 것이 내일 싫어진들 아무 문제가 되지 않는다.

그래서 변덕스러운 취향을 가진 사람에게 아마도 칸트적 인간은 이렇게 말할 것이다. 네가 정말로 좋아하는 것은 뭐냐고. 매번 좋아하는 것이 바뀌니 너는 네가 무엇을 좋아하는지 모르는 것일 수도 있다고. 그러나 변함이 없는, 변할 가능성이라고는 조금도 없는 순수한 쾌가 존재할까? 만일 존재한다면 칸트는 그것을 아름다움이라 할 것이다. 아마 칸트가 아직까지 살아 있다면, 꼰대도 그런 꼰대가 없을 것이다. 그 꼰대는 아마도 이렇게 말하지 않았을까.

"네가 지금 느끼고 있는 것은 순간의 쾌락일 뿐이야. 네가 아직 진짜 즐거움을 경험하지 못해서 그래. 아직은 낯설겠지만 내가 권하는 것에 관심을 기울여봐. 나 계몽주의자야. 이성적 존재라고. 다 안다니까. 나는 깨어 있는 사람이거든. 그러니까 무조건 믿어도 돼. 네가 스스로 진짜 즐거움을 알 때까지 내가 도와줄 수 있어."

칸트만 그러랴. 학창 시절 선생님들은 우리에게 항상 이렇게 말했다. 여학생들은 어깨에 닿지 않는 짧은 단발머리에 무릎 아래로 내려오는 치마를 입어야 가장 아름답다고. 그런 스타일이 싫다고 말하면, 우리가 아직 어려서 잘 모르는 거라며 우리에게 자신들의 쾌와 미의 감정을 강요하곤 했다. 만약 여선생님들이 머리카락을 허리까지 치렁치렁 내려오도록 기르지 않았더라면, 화장을 하지 않았더라면 그들이 얘기한 단정한 모습에서 아름다움을 느꼈을지도 모르겠다. 쾌나 미의 감정은 강요되어서는 안 되지만, 주변 영향에서 완전히 벗어날 수도 없는 것이다.

인간다움을 이루는 것 중 하나는 아름다움과 쾌에 관한 감정일 것이다. 인간은 인생의 즐거움을 위해 아름다움을 추구한다. 감각적 쾌와 보편적 미, 이 둘 중에서 무엇이 먼저인가를 따져 묻는 것은 별 의미가 없다. 이 둘은 이미 하나이기 때문이다. 도무지 이해할 수 없는 스타일의 옷을 입고 가는 사람을 평가할 수 있을까? 만일 평가할 수 있다고 한다면, 미에 대한 절대적인 기준이 있다고 믿고 있기 때문이다. 각기 사람들이 가지고 있는 사적이고 주관적이면서도 독특한 개인으로서의 취향은 결코 판단될 수 없다. 그것은 이해될 수 있을 뿐이다.

좋은 취향, 나쁜 취향

취향을 판단하는 이유

'칸트도 판단했는데, 우리도 판단 좀 하면 어때?' 하고 생각할지도 모르겠지만 칸트의 취미(또는 취향)판단은 지금 여기서 말하려는 것과 결이 다르다는 사실을 전제하고 시작하려 한다. 사람들은 내게 좋은 것 혹은 나쁜 것이 아니라, '우리'에게 좋은 것과 나쁜 것을 구별하고 그것에 대해 말하고 싶어 한다. 자기만의 취향이라 하더라도 우리 사회가 요구하는 틀에서 벗어나서는 안 된다는 것이다. 그래서 나의 취향은 우리의 취향에 견주어 판단되어야 한다고 생각한다. 어차피 우리가 관계 속에서 벗어나지 못한다는 것을 알고 있는 한, 이와 같은 사회적 판단을 거부하기는 힘들다. 어차피 전적으로 내 취향이라는 건 없었을 테니까. 우리 사회의 취향은 무엇일까? 취향은 옳거나 그른 것인가? 그러나 옳고 그름으로 취향을 판단하던 '도덕 사회'는 이제 '좋고 싫음의 사회'가 되었다.

전통적으로 철학에서는 인간다움의 본질이 이성에 있으며, 이 이성이 도덕적 판단을 가능하게 한다고 보았다. 그런데 17~18세기로 넘어오면서 도덕 판단에 관한 다른 견해가 나타나기 시작했다. 특히 샤프츠베리Shaftesbury는 도덕 판단이 자연적 본능에 의해 이루어진다고 말하며*헤르바르트Herbart는 인간의 행동은 취향에 따른다고 말하였다. 그 행동의 근거가 이성, 특히 도덕 판단의 경우는 취향에 따라 행동한다는 것이다. 헤르바르트는 기본적으로 칸트의 영향 아래 있지만, 도덕의 근거가 되는 선험적 자유를 말하는 칸트와 달리 경험적 자유, 즉 취향 선택의 자유를 말한다는 점에서 큰 차이를 보인다.

이러한 변화에도 불구하고 사람들은 여전히 취향에서 도덕적 판단을 제거하지 않는 경향이 있고, 옳고 그름이라는 이분법적 태도 속에서 구분하려 한다. 구분만 하랴. 사람들은 취향을 구별하기 시작했고 그 구별은 자연스럽게 차별이 되었다. '나의 취향은 고급스러운데, 저이의 취향은 왜 저렇게 저급한 거지?'와 같이 타인의 취향을 거만한 태도로 평가하는 사람들이 생겨난 것이다. 처음에는 자신의 개인적 취향보다 다수의 타인이 가지고 있는 취향, 즉 사회적 취향에 집중하다가, 그 사회적 취향과 자신의 개인적 취향이 같아졌다고 판단되었을 때(주류에 해당하는 취향을 갖게 되었을 때), 비로소 타인에 대해 우월감을 가지고 당당해한다. 사회적으로 좋다고 판단된 취향을 가지는 것이 올바르다고 생각하기 때문이다.

그러나 취향을 판단하는 진짜 이유는 인정받고 싶은 마음 때문일 것이다. 17세기 이래 유럽에서 개인의 취향이

---

*   김대군, 「도덕판단의 근거로서 "도덕적 취향"과 "도덕감"에 관한 연구」, 《윤리교육연구》 13호, 한국윤리교육학회, 2007, 33쪽 참조.

담론의 장으로 나오게 된 것은 자본주의의 발전과 무관하지 않다. 한국 회화사에서는 취향을 근대적 경험의 산물로 이해한다. 서화 등의 미술 작품을 품평하는 일은 개인적 기호와 유행에 기반한 여가문화의 일환이 되었고*, 미술 작품은 예술 작품으로서 즉, 순수한 감상물의 지위를 확보하기 시작했다. 개인의 순수한 취향이기는 하나, 그 개인이 모든 조건 하에서 자유로울 수 있는가에 대한 비판적 고찰은 그 후의 일이다.

그렇다면 우리 사회가 인정하는 좋은 취향이 무엇인지 궁금할 수 있다. 하지만 이 물음은 순서가 잘못된 것이 아닐까? 먼저 '현대 한국인은 어떤 취향을 가지고 있고, 그에 대한 반응은 어떠한가?'라는 물음으로 접근해야 할 것 같다. 누군가를 좋아하는 것에도 취향이 관계한다. 그러나 좋아지게 되는 것에도 '때time'가 필요하다. 그때는 아니었지만, 지금은 좋아질 수 있기 때문이다. 2019년 한국갤럽의 조사에 따르면 한국인이 가장 좋아하는 반려동물은 개(60%), 고양이(8%), 새(2%), 토끼(1%), 물고기(0.5%), 햄스터(0.3%) 순으로 나타났다. 개 중에서도 푸들을 가장 선호하는 것으로 조사되었다. 아마도 동물을 가축으로만 여

---

* 박효은, 「개인의 취향 : 조선 후기 미술후원과 김광국의 회화비평」,《한국문화연구》 29, 한국문화연구, 2015, 28쪽 참조.

겼다면 선호하는 동물의 종은 달라졌을 것이다. 반려동물은 예전의 가축과는 전혀 다른 개념이다. 함께 삶을 나누는 가족과도 같은 존재다. 혈연관계는 선택할 수 없지만, 반려동물을 가족으로 받아들이는 일은 선택할 수 있다. 누구와 함께 삶을 살아갈 것인가? 어느 종과 더불어 생을 만들어갈 것인가? 그것은 나의 삶의 스타일이고 취향이다.

그럼에도 반려동물이 가족이라는 인식이 보편적으로 받아들여지기에는 아직 이른 모양이다. 많은 사람들이 동물 병원, 동물 호텔, 동물의 장례 절차 등을 곱지 않은 시선으로 바라본다. 사람도 누리지 못하는 호사를 동물이 누려서는 안 된다는 식이다. 그러한 따가운 시선은 오히려 오늘날 인간과 반려동물이 예전과는 다른 방식으로 서로의 삶에 기대어 살아간다는 사실을 반증하는 것이기도 하다. 인간은 동물에게 살 곳을 제공하고, 동물은 인간에게 심리적 안정감을 제공한다. 서로에게 필요한 것을 제공하면서 공생하는 관계인 것이다.

그런 관계의 변화는 한국인의 식생활에도 변화를 주었다. 여름이면 보신탕을 좋아하던 사람들이 보신탕을 혐오 식품으로 생각하기에 이른 것이다. 보신탕을 즐겨 먹던 사람들은 이제 마음 편히 먹을 수 없게 되었다. 동물의 권리를 보호해주어야 한다는 사회 분위기에 따라 최근 축산법이 개정되어 개고기를 먹는 것이 불법이 되었기 때문이

반려 고양이, 라임과 자몽

하얀 고양이 라임이 4살 때, 노란 고양이 자몽이 왔다. 라임에게 가족은 나
와 두 딸이 전부였는데 어느 날 자몽이 나타난 것이다. 그때 라임은 기뻤을
까? 자몽은 자신에게 라임이 전부인 듯 라임만 따라다녔다. 그러나 라임에
게 자몽은 나와 두 딸과 마찬가지로 가족 구성원 중 한 명인 듯했다. 서열상
으로 보면 라임은 셋째, 자몽은 넷째인 셈이다. 우리는 함께 잠을 자고 밥을
먹는 식구다. 우리 몸엔 늘 이 아이들의 흔적이 있다. 하얀 털과 노란 털.

다. 이렇게 사람들의 취향은 그동안 용인되었던 것을 옳지 않은 것으로 만들기도 한다. 한편으로는 우리 사회가 원하지 않는 취향을 옳지 않은, 비정상적인 취향이라고 하며 혐오하는 경향도 없지 않다.

최근 젊은이들 사이에서는 고양이를 선호하는 경향이 많이 나타난다. '나만 고양이 없어'라는 말이 이를 대변해준다. 고양이에게 '간택'되어야 '집사'가 될 수 있다며, 고양이와의 인연을 마치 운명처럼 여기기도 한다. 고양이를 기르지 않거나 관심이 없으면 대화에서 소외되는 일도 있다. 그러나 앞서도 말했지만 동물을 반려의 대상으로 여기는 일에 부정적인 시선을 보내는 사람들이 있다. 적지 않은 사람들이 '어떻게 동물과 인간이 한 집 안에서, 그것도 한 침대에서 잘 수가 있는가'라는 문제를 제기하고, '동물은 동물이고 인간은 인간이어야 한다'고 주장하며 반려동물과 함께 살아가는 사람들을 못마땅해한다. 이처럼 취향은 선호하는 물건, 음식, 옷 등과 같은 소비재에 관한 것만이 아니다.

옳고 그름의 문제는 취향의 문제가 아니다. 취향에 대한 판단은 도덕적 판단과 구분되어야 한다. 취향은 도덕적 판단의 영역에 들어갈 수 없다. 따라서 내가 가진 취향은, 그것이 상대를 불쾌하게 하더라도 다른 사람에게 판단되어서는 안 되는 것이다. 우리는 판단의 영역에도 기호가

들어가 있다는 것을 부정할 수 없다. 인간은 판단의 영역에서 감정적 주체일 수밖에 없기 때문이다. 따라서 객관적인 기준은 사실상 무의미하다.

고급문화와 대중문화로 구별되는 취향

취향을 판단할 수 없다고 말하면서도 어느새 우리는 좋은 취향과 나쁜 취향을 구분하고 있다. 사람들의 이러한 욕망을 잘 읽어낸 이가 부르디외다. 그는 처음으로 사회학적 접근을 통해 취향을 분석했다. 부르디외는 취향을 '아비투스habitus'로 설명했다. 아비투스는 아리스토텔레스의 헥시스hexis 개념에서 유래한다. 교육을 통해 형성되는 심리적 성향으로, 일정한 방식으로 행동하고 인지하는 등의 판단 성향을 가리킨다. 그러니 아비투스는 일종의 버릇, 혹은 습관이라 하겠다. 버릇이나 습관은 반복된 행위에서 생겨나는 것이다. 습관이 형성된다는 것에서 우리는 인간이 사회적이라는 사실을 확인한다. 인간은 집단적이고 계급적이라는 의미이다. 근대적 인간이 지독히 개인적이라는 것은 잘못 이해된 것이다. 근대적 인간은 보편적 인간이다. 근대는 개인을 탄생시켰지만, 그 개인은 단 한 번도 '개인'으로 존재하지 않았다. 근대적 개인은 추상에 지나지 않는다. 그러므로 개인으로서의 구체적 선택과 행위는 있을 수 없다. 부르디외에 따르면 오히려 그것은 오랜 역사 속에서 형성되어온 버릇이며, 이는 사회적 버릇으로 개인으로서의 나와 계급을, 행위와 주조를 매개한다.[*] 이 버릇은 결국 개인이 지나온 시간 속에서 개인에 의해 내면화되어 예술적 취향을 생성하는 데 관여한다.[**]

취향은 마치 자연스럽게 나타난 것처럼 보일 수 있으나 실제로는 문화적 환경이자 문화자본으로, 부모에게서 자녀에게로 상속된다. 비공식적 계급의 속성인 문화자본의 현상은 부르디외에 의해 다음 세 가지로 요약된다. 첫째, 오랜 반복과 습득을 통해 체득된 상태의 문화자본, 둘째, 물상화된 문화자본, 셋째, 제도적 문화자본이다.

먼저 체득된 상태의 문화자본에 대해 말해보자. 그것은 단기간에 배워서 만들어지는 것이 아니다. 일종의 생활 방식이며, 개인의 성장 과정에서 자연스럽게 몸에 배인 습관이다. 드라마 〈슬기로운 의사생활〉에서 의사인 송화는 전투적으로 밥을 먹는 자신을 놀리거나 그 모습에 놀라는 사람들에게 "오빠가 셋이라 그래"라고 변명한다. 가난한 집에서 많은 형제들과 함께 자란 아이들은 전투적으로 밥

---

[*]   김동일, 《피에르 부르디외》, 커뮤니케이션북스, 2016, 참조.

[**] 박혜성, 「한국 사회에서의 피아노의 문화적 의미: 예술적 취향에 내재한 계급성을 중심으로」, 《한국예술연구》 9호, 한국예술종합학교 한국예술연구소, 2014, 80쪽 참조.

을 먹을 수밖에 없다. 음식은 한정되어 있고 입은 많기에 열심히 달려들지 않으면 제대로 먹을 수 없기 때문이다. 의사가 되고 넉넉한 삶을 누리게 되어서도 먹을 때의 습관은 그대로 남았다.

　피아노, 그림, 책 등과 같은 물상화된 문화자본도 마찬가지다. 19세기 유럽에서는 부르주아 계급의 소녀들은 숙녀가 되기 위해 피아노를 배웠으며, 우리나라에서도 1920년대 신여성은 피아노 실력을 교양으로 갖추어야 했다. 피아노는 당시 신여성이 동경하던 스위트홈의 상징이었다.* 아무나 가질 수 있는 것이 아니었다. 피아노 연주 실력은 단시일에 가질 수 없었고 생활에 여유가 있어야만 배울 수 있었기에, 피아노를 연주한다는 것은 부의 상징이기도 했다.

　제도적 문화자본으로 대표적인 것은 교육제도이다. '개천에서 용 난다'는 말이 옛날에는 가능했다. 그러나 지금은 그 말이 실현되기 어려운 사회이다. 문화자본을 갖춘 계급은 부르주아 계급이다. 이들은 실용성의 여부와 상관없이 미를 추구할 이유가 있다. 이들은 주로 거대 자본가, 대기업 경영인, 혹은 그의 상속자일 것이다.

　이처럼 취향은 개인의 능력에 우선하기보다는 한 개

---

* 　박혜성, 앞의 논문, 83쪽 참조.

인의 성장 과정, 현재의 개인적 조건, 사회적 지위 등에 의해 만들어진다고 하겠다. 그렇게 본다면 취향이 개인의 계급적 지위를 나타낸다고 볼 수 있다. 또한 부르디외는 취향을 세 단계로 나누는데, 바로 정통적 취향legitimate taste, 절충적 취향middle-brow taste, 대중적 취향popular taste이다. 취향으로 사람들은 공감대를 형성할 뿐 아니라 세대를 관통하는 역사성을 획득하곤 한다. 부르디외에 따르면 부르주아 계급은 정통적 취향을 가지고 있으며, 어렸을 때부터 오랫동안 들어왔거나 피아노 수업을 들어야 이해할 수 있는 음악을 선호했다. 때로는 음악을 감상하기보다 자기가 직접 연주하기를 더 즐기기도 했다. 문화를 소비하기보다 생산하는 일에 더 집중한 것이다. 그들의 취향은 지금처럼 인터넷에 접속하면 쉽게 찾아 들을 수 있는 음악이 아니었다. 부르디외의 분석이 모든 문화, 모든 사람에게 똑같이 적용되는 것은 아니다. 단적으로 한국에서의 정통적 취향은 부르디외의 분석에 일치하지 않는다.

한 연구에 의하면 우리나라에서는 클래식 악기를 연주하는 모임보다는 오페라 등 공연을 관람하는 활동을 더 고급 취향으로 인식하고 있다.* 이는 부르디외가 정통 취향

을 가진 사람들이 직접 연주하려는 욕구를 가진다고 말하는 진단과 구별된다. 우리나라의 부르주아층은 자기들만의 살롱 문화를 만들어 명성 있는 음악가를 초대해 클래식 공연을 열고 즐긴다. 부르주아들이 즐기는 클래식 공연의 티켓은 시중에 팔리는 것이 아니다. 그들은 은밀히 초대장을 주고받고 무료로 공연을 즐긴다. 그들 나름의 특별한 지불 방식이 존재한다. 한편 백화점에서는 VIP로 분류되어 그들만의 전용 공간을 가진다. 그들만의 공간이 숨겨져 있어 쇼핑마저 비밀스럽다. 그들만의 쇼핑이 시작될 때 백화점은 휴무일이 된다. 대중의 접근이 차단된다는 의미다.

우리나라에서는 크게 강남 취향과 강북 취향으로 구별되기도 한다. 한국에서의 강남과 강북은 계급적 공간이다. 문화강좌는 그 지역의 취향을 잘 보여주는 도구이기도 하다. 문화 강좌가 열리는 기관과 상관없이 강남의 문화강좌가 전반적으로 수강료를 비싸게 책정하고 비실용적인 강좌가 더 많이 열린다. 개설된 강좌 수를 살펴보면 문화·여가 영역에서 인문학 강좌가 강남이 강북에 비해 8.9배 많았으며, 스포츠는 15.1배였다.

스포츠의 경우 고액의 장비를 요구하는 승마, 스킨스쿠버 등은 특권 계급 취향으로 분류된다. 특권 계급에 속한 사람들은 요트를 타고 바다를 즐기며, 골프와 수집에 열광한다. 전문가의 도움을 받아 좋은 음식과 운동으로 체

형을 유지한다. 가공음식을 즐기지 않고 요리된 음식을 즐긴다. 그들의 식탁에 오르는 음식 재료는 신뢰할 수 있는 원산지로부터 공수된다.

부르디외가 말하는 절충적 취향을 가진 중간 계급은 절제를 미덕으로 하는 도덕주의자들이다. 지식인, 예술가, 법률가, 고위행정직, 전문직에 속하는 사람들로 '프티 부르주아'라고도 불린다. 이들은 자기들만의 공간을 가지기를 희망하며, 대개 집을 소유하고 있다. 그들은 음악을 직접 연주하기를 즐긴다. 문화 공연, 독서, 수영 등의 문화 생활을 영위한다. 요리된 음식을 선호하긴 하지만 필요에 따라 가공식품이나 간편식 샐러드를 먹기도 한다. 이들 중간 계급은 우리의 중산층에 해당한다. 하지만 안타깝게도 우리는 소유한 재산의 규모에 더 큰 관심을 둔다. 어느 지역에 몇 평의 아파트를 가졌는가, 무슨 차를 타는가 하는 것 말이다.

대중적 취향의 민중 계급은 스타일에 관심이 없다. 가성비가 최고다. 그들에게 현물자산은 거의 없다. 수당을 받으며 노동을 하는 사람들이다. 자기 소유의 집이 없어 세를 내고 살며, 여가 시간이 짧은 까닭에 축구나 농구를 하거나 집에서 쉬면서 TV를 시청하며 시간을 보낸다. 그러다 보니 체형 관리는 어렵다. 싸고 맛있는 음식을 선호하며 왈츠 등과 같이 편안한 곡이나 유행하는 음악을 좋아한다. 예를 들어 미국에서 부유한 사람들이 사는 지역인 비벌리힐스 사람들은 대부분 군살 없이 날렵하고 건강한 몸을 가지고 있다. 그러나 대부분의 소시민은 패스트푸드를 먹고 불룩 튀어나온 뱃살을 가지고 살아간다. 이처럼 취향은 계급의 특성을 나타내는 척도나 다름없다.

취향의 구별 짓기는 부르디외가 간파한 사회적 현상이지만, 여기에서 지식인의 역할이 부각된다. 그에 따르면 지식인 계급은 중간 계급에 속하는데, 이들은 신계급으로서 탈물질주의의 첨병이다. 이들은 육체적인 것과 민중적인 것을 폄하하고 배제하면서 기존의 체제를 영속하고자하는 욕구를 가지고 있다. 민중이 원하는 것 즉, 필요 취향은 속물적이라고 평가 절하하기도 한다. 민중들의 치열한 삶과 문화가 지나치게 물질적이어서 고상하지 못하다고 말하는 것이다. 물론 이와 같은 허위의식은 지식인 계급이나 부르주아 계급에만 있는 것이 아니라 민중 계급에도 있을 수 있다. 그러나 중요한 것은 지식인의 '역할'이다. 지식인들이 탈물질주의로 향하면서 그들의 취향을 지배계급의 취향과 일치시키려 하기 때문이다. 부르디외는 민중을 무력하고 수동적인 존재로 만드는 거짓된 체제를 유지하는 지배계급을 비판한다. 그런데 지식인 계급 역시 이러한 일에 앞장서고 있다. 부르디외는 지식인들에게 각성과 반성을 촉구한다. 민중문화의 건강성을 강조하면서 지식인 계급은 민중적 시각에서 계급지배를 비판하는 역할을 수행해야 한다고 주장한다.[*] 아이러니하게도 취향은 지배계급의 취향에 가까워지려는 지식인의 태도를 비판하고 전환하기 위한 이데올로기로 작용하기도 한다. 그리하여 때로는 그들이 더 이상 쁘띠부르주아 행세를 하지 못하게 만들기도 한다.

부르디외가 취향을 통해 계급 간의 구별 짓기라는 인간적 본능에 비판적인 관점을 제시했다면, 아도르노 Adorno는 문화와 이데올로기의 관계에 대해 집중적으로 분석했다. 취향을 가진다는 것은 고유한 속성으로서의 자신을 안다는 말이다. 개별적인 존재로서의 특성 즉, 개성을 가진 자신은 사회적 관계 속에서의 개인을 말한다. 개인은 사회 구조와의 관계를 떠나서 생각될 수 없기 때문이다. 이를 분명히 하기 위해 아도르노와 호르크하이머 Horkheimer는 문화를 대중문화와 민중문화로 구별한다. 그들에 따르면 자발적으로 생성되는 민중문화와 달리, 대중문화는 대중매체를 통해 대량 생산되고 소비됨으로써 동일화의 도구가 되었다. 대중문화 산업은 동일화의 수단이라는 것이다. 일반 대중은 매체를 통해 계급 간 동일한

---

[*]   정철희, 「탈물질주의, 자유취향, 지식인」, 《사회와 이론》 211권 21호, 한국이론사회학회, 2012, 22쪽 참조.

삶의 방식을 모방한다. 그러한 모방을 통한 삶의 방식에서 안정감을 찾는다. 대중은 광고 등의 매체가 전달하는 삶의 방식을 생각 없이 답습하는 것이다. 그래서 때로 대중은 매우 위험하다. 생활 방식을 답습하는 것은 다른 이의 생활 방식을 간섭하며 동일한 삶의 방식을 취하라고 강요하도록 이끌기 때문이다.

세대, 지역, 성별을 막론하고 많은 사람들이 대중문화를 향유했으나 대중문화의 콘텐츠를 수용하는 방식이나 태도는 다를 수 있다. 대중이 자신의 취향을 자유롭게 선택하고 변화시키기도 하려면 매체를 매개로 할 뿐, 답습의 수단으로 사용해서는 안 된다. 이를 이해하기 위해 우리는 취향의 다양한 변화를 유행과 구별 지어야 한다.

근대는 개인을 발견한 시대이다. 특히 취향을 통해 우리는 자신의 스타일 즉, 개성을 드러낼 수 있다고 말해 왔다. 그러나 이 말은 17세기 이후 20세기에 이르는 근대를 살아간 사람들보다 오히려 21세기, 정보화 시대 이후 세대들에게 해당되는 말이 아닐까. 게다가 우리나라는 인터넷 보급률이 높아 사람들이 다양한 정보와 삶의 방식을 쉽게 주고받고 영향을 받을 수 있어서 지역과 세대에 따른 경계도 상당 부분 허물어졌다. 뿐만 아니라 사람들은 부르주아 계급의 문화적 취향을 도달해야 할 어떤 고급 취향으로 간주하기보다는 자신만의 고유한 취향 만들기에 더 많은 관심을 갖고 있으며, 자신의 고유한 취향을 고급화하는 데 능숙하다. 일종의 '취향의 창조'다. 이는 높은 교육열로 인해 전 국민이 지식인화된 결과일 수도 있다. 경제적 조건은 취향 선택에 많은 영향을 끼치기는 하지만, 중요한 것은 우리는 모든 조건에 모든 사람이 적합할 수 없다는 사실을 알고 있다는 점이다. 그것이 취향의 다양화와 타인에 대한 이해와 공감을 가능하게 한다.

국민가방, 루이비통

취향은 이성적 판단이 아니라 끌림에 의한 선택들로 만들어진다. 취향은 어떤 지속성과 연속성으로 인해 하나의 스타일로 나타난다. 나의 취향이 멋지고 고급스럽다는 것을 보여주기 위해서 나는 어떻게 해야 할까? 상층 계급에 속한 사람으로 보이고 싶은데 경제적 조건이 받쳐주지 않는다면?

루이비통 가방은 전 세계에서 3초에 하나씩 팔린다고 하여 '3초 백bag'으로 불리며, 그중 어떤 모델은 누구나 하나쯤은 들고 다닌다 하여 '국민가방'이라고도 불린다. 사람들은 루이비통 가방이 명품 백이면서도 가성비가 높고 편리성과 세련된 디자인을 함께 지니고 있어 사랑받는다고 말한다. 국민가방이 되어버린 터라 그것 하나쯤 안 가지고 있으면 안 될 것 같으면서도 그것을 가진다고 해도 뭔가 특별해 보이지는 않는다. 더 고급스럽고 비싼 무언가를 추가해야 할 것만 같다. 루이비통 가방 안에 샤넬 립스틱을 넣어 다니면 어떨까? 사람들은 이렇게 소비를 통해서 취향을 고급지게 만들어간다.

루이비통 가방을 뛰어넘는 좀 더 고급진 취향을 가지려면 더 비싸고 좋다는 브랜드숍에 가서 원하는 스타일의 물건을 사면 된다. 하지만 그게 가능할까? 소수의 부자들을 제외한 대다수에게 가격에 상관없이 마음에 드는 스타일을 선택하는 일은 사실상 불가능하다. 가난한 나는 경제적 '조건'에 구애받지 않고 스타일을 만들 수 없다. 그런데 '조건'은 대중뿐 아니라 부르주아에게도 적용된다. 경제적으로 여유가 있는 부르주아는 대중보다 포괄적인 선택을 할 수 있지만, 그들 또한 시장에 나온 상품 중에 고를 수밖에 없다는 '조건'에 구애받는다. 즉 '조건'을 초월한 선택은 불가능하다.

우리는 태어나면서 갖게 된 조건을 '수저'로 분류한다. 상류층은 금수저, 중산층은 은수저, 그 밖의 하류층은 동수저 혹은 흙수저라고 부른다. 어떤 수저를 물고 태어났느냐에 따라서 생활 방식은 완전히 달라진다. 금수저 아이들은 어릴 적부터 부모 손을 잡고 오페라를 관람하거나 개인 과외를 받고 해외로 휴양이나 유학을 떠나는 삶을 산다. 은수저 아이들은 이 학원 저 학원을 옮겨 다니며 배우느라 바쁘다. 가장 자유로워 보이는 건 흙수저 아이들이다. 이 아이들은 피시방에서 게임을 하거나 집에서 동영상을 보면서 시간을 보낸다. 물론 그나마도 할 수 없는 아이들도 있다. 그들의 자유로움은 자유가 아니다. 그들에게는 '선택의 조건'이 없기 때문이다. 이처럼 계층에 따라 달라지는 성장 배경은 각각의 계층에 속한 아이들의 미래 또한 대략적으로 그려볼 수 있게 한다. 그런데 무슨 내용인지 이해하지도 못하는 오페라를 보느라 꼼짝 않고 자리에 앉아 있어야 하는 아이들의 삶은 행복한 것일까? 이들은 나중에 자라서 어떤 연대감을 가질 수 있을까?

취향을 공유하는 사람들끼리는 집단 정서, 공감, 연대감 등을 형성한다. 그렇다면 같은 계층에 속하지 않은 사람들 간의 연대는 불가능한 것일까? 또는 성인이 되고 나서는 계층 간의 이동이 불가능한 것일까? 취향은 시간이 흐르면서 변화한다. 그 변화의 한계가 있는 것일까? 이 변화의 흐름을 포착하고 특징 짓는 용어가 '유행'이다. 유행의 범위는 어디까지일까? 앞에서 〈베르사이유의 궁전〉을 언급하며, 귀족들 사이의 유행과 평민들 사이의 유행이 존재했음에도 사람들은 주로 귀족의 유행에 관심을 두었음을 설명하였다. 물론 그때와 지금은 같지 않다. 지배계급, 혹은 상류층에 속하는 이들은 자신의 라이프스타일을 적절하게 과시하되, 완전히 드러내지 않음으로써 분명한 경계선을 긋고 싶어 한다. 하지만 SNS가 일상이 되면서 이마저도 쉽지는 않게 되었다. 취향은 계층을 넘나들면서 그 경계를 흐리고 있지만, 세대 간에는 분명한 차이를 드러내고 있다.

유행은 새로운 것이나 변화하는 것에 관심을 둔다. 우리에게 근대적 취향과 관련된 유행은 이국에서 넘어온 것에서 시작되었다. 유행은 동경, 뉴욕, 파리에서 건너온 것들이었으며 그것은 마치 문명인의 특징처럼 여겨졌다.[*] 그러므로 취향은 근대적 경험의 산물로서 사회문화적 현상이기도 하다. 근대 사회에서 자신을 남과 다른 고유한 존재로서 드러내는 일은 매우 중요한 일이었다. 근대적 취향의 탄생은 바로 여기에 있다.[**]

다시 루이비통 가방 이야기로 돌아가자. 루이비통 가방은 왜 3초 백이 되었을까? 사람들이 선호하는 브랜드이고 많은 사람들이 가지고 다니기에, 하나쯤 갖고 있어야 할 것 같은 물건이 되었기 때문일 것이다. 그런데 루이비통 가방이 저렴하지 않다는 것은 누구나 아는 사실이다.

---

[*]   조형근, 「식민지 대중문화와 대중의 부상: 취향과 유행의 혼종성을 중심으로」, 《사회와 역사》 111권, 111호, 한국사회사학회, 2016, 96쪽 참조.

[**]   위의 논문, 94쪽 참조.

그 비싼 가방이 대중의 가방이 되어버린 이유는 어디에 있을까? 이는 베블런 효과의 결과로 보아도 될 것 같다.

미국의 경제학자인 소스타인 베블런Thorstein Veblen은 《유한계급론》에서 유한계급의 과시적 소비conspicuous consumption를 명성과 체면 유지의 수단으로 해석했다. 그는 특정 개인이 과시적 소비를 통해 자신의 물질적 부를 표현함으로써 자신이 속해 있거나 혹은 속하고자 하는 계층에 스스로를 포함시키려 한다고 말한다. '과시적 소비'라는 말에서 알 수 있듯이 상층계급에 속한 사람들은 가성비나 가심비*를 염두에 둘 필요가 없다. 그들은 미학적이고 비실용적인 것을 더 중시할 뿐 아니라 과시한다. 차별화된 문화적 취향을 위해 의도적으로 새로운 것을 찾아낸다. 반면 하층계급 사람들은 기왕이면 튼튼하고 이쁘면서도 저렴한 것을 선택한다. 그것이 합리적 소비라고 여기기 때문이다. 그들에게 가장 중요한 것은 가성비이고, 때때로 가심비에 따른다.

과시적 소비와 모방 심리는 너도나도 고급 브랜드인 루이비통 가방을 들게 했고, 그 결과 루이비통 가방은 비싼 대중적 가방이 되어버렸다. 루이비통의 대중화는 새로운

---

* 가격 대비 성능을 뜻하는 가성비에서 파생된 말로서, 가격 대비 심리적 만족감을 이른다.

취향의 탄생을 예고할 수밖에 없다. 왜냐하면 상층계급은 다른 계층과 차별화하고자 하는 욕구로 새로운 소비 유형과 브랜드를 추구할 것이기 때문이다. 그러나 오히려 이러한 현상은 모든 브랜드의 평준화를 이끈다. 그런데 새로운 브랜드를 모르기 때문에 우리는 그 사실로 차별받지 않게 된다. 물론 내가 모른다고 해서 차별이 존재하지 않는 것은 아니다. 그러나 차별은 그 차별을 인정할 때 발생한다. "부러우면 지는 거다"라는 말이 있다. 내가 원하는 것이지만 내가 갖지 못하는 것을 누군가가 가졌을 때, 나는 분명 부럽다. 때로는 부러워해주기도 한다. 그가 그것을 가지게 된 과정이나 결과에 대해 인정하고 축하해주기도 한다. 그러나 그것으로 내가 차별받기를 원하는 것은 아니다.

차별이 생기는 곳에서 차별을 거부하는 방법은 딱 한 가지다. 바로 무관심이다. 새로운 브랜드에 대한 관심을 끊는 것. 그 값나가는 브랜드의 가치에 관심을 두지 않는다면, 차별은 무화될 수 있다.

④

취향을 저격하다

취향저격은 왜 사건인가?

너는 내 취향저격, 내 취향저격

말하지 않아도 느낌이 와

머리부터 발끝까지 다

너는 내 취향저격 난 너를 보면

가지고 싶어서 안달이 나

자기 전까지도 생각이 나

아이돌 그룹 아이콘iKON의 노래 〈취향저격〉의 한 부분 가사다. 이 가사에는 '취향저격趣向狙擊'이라는 말의 의미가 드러나 있지만 취향이 설명되지 않듯이 취향저격 또한 분명하게 설명되지 않는다. 그것은 느낌이다. 딱 봤을 때 '이건 내 거야' 하는 느낌이 오는 그 순간, 나의 취향은 저격당한 것이겠다. 취향을 끌리는 것이라고 한다면 저격 狙擊은 '노려서 치거나 총을 쏜다'는 뜻을 가지고 있으므로, 취향저격은 어떤 특정한 누군가에게로 혹은 특정한 무엇인가에게로 꽂히는 현상을 의미한다. 웹사이트의 오픈 사전에는 '어떤 사람이나 물건이 자신의 취향에 꼭 맞춘 것처럼 매우 마음에 든다'는 뜻으로 설명되어 있다.

좋아하는 이유가 따로 없기에 저격의 이유도 따로 없다. 그래서 저격당하는 이는 그 이유를 모른다. 어떤 설명도 예고도 없이 저격당하기 때문이다. 길을 걷다가, 밥을 먹다가, 무심코 창밖을 바라보다가 딱 끌리는 뭔가를 발견한다. 그것은 사람이기도 하고 옷이기도 하며 산들바람이기도 하고 노랫말이기도 하다. 잠시 발을 멈추고 '이거 딱 내 취향인데' 하는 바로 그 순간, 나는 취향을 저격당한 것이다. 반대로 누군가의 눈빛에서 나를 향한 광채를 발견했다면, 나는 아마도 그 누군가의 취향을 저격한 당사자일지도 모른다. 보통은 저격을 하는 이는 그 이유를 알고 저격당하는 이는 이유를 모르게 마련이지만 취향저격의 경우에는, 양쪽 중 어느 쪽이 저격을 했는지 알기 어렵다. 이렇게 우리는 설명할 수 없는 쾌의 절정을 맞이했을 때 취향저격이 일어났다고 표현한다.

그렇다면 무엇에 저격당하는 걸까? 맛에? 음악에? 영화에? 아니면……? 혼자서는 아무리 생각해도 잘 모르겠다. 인터넷에 접속해서 다른 사람들은 무엇에 저격당하고 있는지 찾아본다. 여기저기서 마니아들의 세상이 펼쳐진다. 다양한 것에 취향을 저격당한 사람들과 사람들을 저격하려고 나선 이들이 쏟아내는 온갖 이미지와 말들이 가득하다. 취향을 저격하려고 하는 이들은 백화점처럼 당신이 원하는 것이 무엇이든 찾을 수 있다고 말하는 게 아니라, '당신이 원하는 것은 바로 이것'이라고 외친다. 혹은 당신의 마음을 읽었다는 듯 "미처 몰랐지? 당신이 이걸 원한다는 것을!" 하고 말하는지도 모르겠다. 인터넷을 살펴보다가 제주의 '브릭캠퍼스'라는 것을 발견한다. 브릭 아트 Brick Art 마니아들의 성지라고 한다. 근데 브릭이 뭐지? 그거 레고Lego 아닌가? 어쨌든 내 취향은 아니다. 그런데 의외로 마니아들이 많다. 브릭이 왜 그 사람들의 취향이 되었을까? 새로운 걸 만들어낼 수 있기 때문이 아닐까? 취향을 저격당하지 않아도 취향의 이유를 상상해본다.

우리는 길을 가다가, 여행 중에, 휴가 중에 어떤 곳을 들러 새로운 취향들을 만난다. 제주를 방문해서 마니아들의 성지를 찾아가기도 하고, 블로거들이 소개하는 카페에 들러 남들이 다 찍는 곳에서 사진을 찍고 남들이 다 먹는 것을 먹어보기도 한다. 취향이라는 게 별건가 싶은 생각에 다른 사람들의 취향을 따라 해보는 거다. 서울에 가면 이태원, 홍대에 간다. 거기에선 취향저격이라고 느낄 만한 일들을 종종 겪는다. 정말 저격당했는지 아니면 저격당했다고 착각했는지 모르지만, 다녀오면 즐겁다. 온갖 신기한 것들을 만난 듯하지만, 사실상 이미 다 알아보고 온 것들이다. 그러다가 '이게 뭐지?' 하는 새로운 곳을 발견하기도 한다. 낯설다. 묘하게 끌리지만 아직은 취향이라 말하긴 어렵다. 그런데 생각해보면 끌려서 머문 곳들이 모두 비슷한 스타일이었다. 그렇다면…… 이게 내 취향일지도 모른다.

나는 케이크를 무척 좋아한다. 크림이 가득하고 부드

럽고 달콤한 케이크. 완전 내 취향이다. 그런데 오늘은 앙금케이크라는 것이 눈에 띈다. 할아버지 할머니의 취향을 저격한 거라고 한다. 정말 모든 할머니의 취향일까? 우리 할머니도 이 케이크를 좋아하실까? 의문스럽기도 하지만 대체로 수긍이 간다. 이걸 보니 또 매운 떡볶이가 떠오른다. 요즘 젊은 층이 즐겨 먹는다고 한다. 그래서 먹어본 적이 있다. 나도 아직 젊으니까. 그런데 먹어보니 영 내 취향은 아니었다. 배앓이도 하고 난리도 났거니와 맛 자체도 취향이 아니었다.

이처럼 우리는 이런저런 취향저격에 나선 이들을 자주 만난다. 그들은 특정한 연령, 성별, 지역을 겨누고 저격을 시도한다. '너 ○○ 살이지? ○○ 에 살지? 그러면 이게 취향이겠네' 이렇게 말이다. 거기서 더 나아가 인적사항을 꼬치꼬치 캐물으며 취향을 강요하기도 한다. '여성이라면 이런 레스토랑은 어때?', '시골로 이사를 갔고 인문학을 전공한 사람이라면 이런 취향의 집이 어울리지' 하고 들이댄다. 취향에 안 맞는다고 말하면, 더욱 노골적이고 맹렬한 기세로 유혹한다. '취향을 좀 바꾸는 건 어때?', '어쩌면 당신은 당신 취향을 모르고 있는 건 아닐까? 좋아. 우리가 찾아주지.'

이처럼 취향저격은 자기의 본분을 망각한다. 취향은 무조건적인 끌림이어야 함에도 자꾸 공식을 만들고 강요를 한다.

나도 몰랐던 내 취향, 저격당하다

나도 나를 모르는데, 컴퓨터의 알고리즘은 마치 내 취향을 정확하게 알고 있는 듯하다. 미처 알지 못했지만 내가 원했던 것을 콕 집어 보여줌으로써 나를 놀라게 한다. 영화부터 쇼핑 품목까지…… 내 취향이 전부 저격당한 것이다. '옷이 필요해. 무슨 옷을 사야 할까?' 고민하다가 자주 가는 쇼핑몰에 접속하기 위해 컴퓨터를 켜본다. 화면 구석구석에 전에 살펴보았다가 잊었던 옷들이 모습을 드러낸다. '이건 어때?' 하며 말을 걸어온다. 내 스타일이긴 하지만 조금 망설여진다. '책이나 읽어볼까' 하고 인터넷 서점에 접속한다. 원하는 책을 검색하고 클릭하니 그 책과 함께 구매하면 좋을 책들이 같이 따라 나온다. 그 책을 좋아하는 사람이라면 다음의 책도 좋아할 것이라고, 함께 구입하면 편할 거라고 친절하게 안내해준다.

하나를 사려고 했는데 그와 연관된 다른 것까지 사게 되는 일은 온라인뿐 아니라 오프라인에서도 똑같이 벌어진다. 셔츠를 사러 갔다가 함께 디스플레이 된 하의와 구두, 악세사리까지 세트로 사게 되는 경우가 많다. 하나의 선택으로 전체 스타일이 완성되는 것이다. 어떤 곳에서 제안한 스타일이 만족스러울 경우, 아마도 그곳에서 계속 쇼핑을 하게 될 것이고 그곳의 스타일이 내 스타일이 될 것이다. 내가 몰랐던 내 취향은 그렇게 해서 만들어지기도 한다.

잠깐 2020년의 색은 뭐였더라? 팬톤연구소에서 선정한 색은 파랑이었다. 2019년 트렌드 컬러가 프린세스 블루Princess Blue였다면 2020년의 색은 좀 더 탁해진 클래식 블루Classic blue였다. 반면 WGSN(Worth Global Style Nerwork)에서 발표한 색은 네오 민트Neo Mint였다. 나는 어떤 색으로 고를지 고민하다가 파랑 귀걸이가 내 마음을 저격했으니, 파랑을 2020년 취향으로 삼기로 했다.

그런데 팬톤연구소에서 발표한 2021년의 색은 얼티메이트 그레이Ultimate Gray와 일루미네이팅Illuminating이라고 한다. 회색과 노랑이다. 어쩌지, 파랑이 끌렸는데, 회색과 노랑도 이렇게 예쁠 수가 없다. 그동안 코로나로 인해 우울했는데 희망을 주는 듯 따뜻한 색이다. 색에 대한 취향이 바뀌는 것인가. 나의 끌림은 이렇게 가볍디가볍다. 그러고 보니 나는 노랑 우산, 노랑 개나리를 무척 좋아했다. 노랑도 내 취향이긴 하지. 언젠가 노랑을 좋아한다고 말한 나에게 누군가가 '그건 이기적인 색'이라고 어처구니없는 비난의 말을 한 뒤부터 노란색을 좋아한다고 말하는 것을 꺼렸다. 그렇지. 노란색도 좋아했지. 과거형이다.

같은 곳에서 같은 취향을 가진 사람들은 그렇게 '우리'가 되어간다. 어쩌면 취향을 저격당했던 그 순간을 기억하기 때문일지도 모르겠다. 공통된 정서는 우리로 묶어내는 힘이 되기도 하니까. 그래서 저격하기보다 저격당하는 즐거움에 빠져보기로 한다. 그래서 다시 거리로 나선다. 이제 나는 무엇에 저격당해볼까. 내가 선택하는 듯하겠지만, 사실은 내가 선택당하는 것인지도 모른다. 색이 나를 끌어당기고 향이 나를 끌어당길 테다. 나를 끌어당기는 것이 무엇인지 미처 알기도 전에 이미 끌려가고 있지만, 나는 내가 주도하고 있다고 생각한다. 이 두 관점은 모두 옳다. 나의 시선이나 마음은 능동적이면서도 수동적이기 때문이다. 이것이 세상의 감각이다. 세상의 감각은 우리들 사이를 부유하며 떠돌다 필연을 가장한 우연들 속에 자리한다. 그리고 나의 정서는 거기에 반응한다.

아마도 그때 그 거리를 지나가지 않았으면 로즈골드 빛의 아이패드를 사지는 않았을 것이다. 내 취향은 가성비에 영향을 많이 받는다. 인터넷으로 자료를 검색하고 워드를 사용하여 글만 쓰면 되는 내게 아이패드는 고가품이고 사려는 생각도 없었다. 그런데 약속 시간까지 좀 여유가 있어서 어느 애플스토어에 쑥 들어가게 되었다. 아무 생각 없이, 그러나 이미 마음이 반쯤 빼앗긴 채로 매장을 돌면서 '쓰던 넷북이 망가져서 하나 구입하긴 해야 하는데'라고 생각한다. 그저 아이쇼핑이라고 최면을 건다. 계획에 없던 물건을 사면 안 되는 거라면서. 그런데 나는 어느새 아이패드 앞에 서서 "로즈골드로 주세요"라고 점원에게 주문하고 있다. 그리고 속으로 그 상황을 정당화한다. 이건 가심비야. 기능보다는 얇고 가벼운 무게에 반했고, 디자인에 끌렸으니까. 그리고 로즈골드라니⋯⋯. 누군가가 회의장에서 로즈골드 아이패드에 무언가를 쓱쓱 쓰고 정리하던 기억이 스쳤다. 그 모습을 보며 부러웠나 보다. 우연히 매장에서 같은 모델을 발견하자 잊고 있던 욕망이 깨어나면서, 운명의 부름에 따르기라도 하듯 그걸 사게 된 것이다.

제바스티안 프리드리히와 안나 뮐러는 《취향의 심리학》에서 애플 사용자들은 대개 개인주의적 성향을 지니고 있다고 말한다. 그들은 기능의 다양성보다는 브랜드 가치에 더 집중하며, 다른 브랜드 제품을 사용하는 사람들에 비해 우월감을 느끼기도 한다. 열정적인 추종자들은 애플의 신제품이 출시되면 곧바로 매장으로 달려가 구입하고, 그런 자신들의 모습을 자랑스러워하며 취향을 뽐낸다. 그렇다면 나는? 아직 그렇게까지 애플 물건을 좋아하지는 않는다. 그러나 앞으로 더욱 즐겨 쓰게 된다면 나 또한 그런 범주에 속하게 될지도 모를 일이다. 이 책에 따르면 블랙베리 사용자들은 스마트폰 기능을 충분히 숙지하고 있을 뿐 아니라 첨단기술에 대해서도 관심이 많다. 그들에게 휴대전화는 통화뿐 아니라 업무를 처리하는 도구이다. 그들은 대체로 기계 사용을 좋아하는 반면에 손재주는 없다고 한다. 사용자들의 일반적 특징을 살펴본 결과, 블랙베리 또한 내 취향은 아닌 것 같다.

이 글을 쓰면서 내 옆에 놓인 휴대전화를 흘깃 보았다. 누군가 내게 했던 말이 기억난다. "차라리 효도폰이나 2G폰을 쓰는 게 낫지 않아?", "넷플릭스를 봐야 해서……." 그도 그럴 것이, 내 폰은 오래된 기종인 데다 액정에 금까지가 있다. 그런데 내게 그런 것은 그다지 거슬리지 않는다. 그렇다면 나는 어느 범주에, 어느 취향으로 묶이는 것일까? 가성비를 따르는 쪽, 아니면 가심비를 따르는 쪽? 그냥 내게 눈짓을 주고 그 눈짓에 내 마음이 흔들린다면 달려가겠다. 달려갈 기운이 안 난다면 어쩔 수 없고.

원초적 끌림, 취향

취향저격은 이성적 판단 이전의 사건이다. 끌림이라는 것이 그렇다. 끌림이 있고, 그 끌림 후에 선택에 대한 판단을 내리는 것이다. 판단하고 선택하는 것도 지속성을 가지고 하나의 스타일을 만들어낸다면 취향이 될 수도 있다. 그러나 더욱 원초적이고 직접적이며 근원적인 의미에서 취향은 반성 이전 즉, 전 반성적 단계라고 해야 할 것 같다.

이번엔 나의 원초적 취향을 알아보자. 물론 이미 주어진 조건 속에서의 선택이지만, 그걸 벗어날 수는 없으니 그 안에서 마음에 끌리는 것을 선택해보자. 지하상가든 백화점이든 재래시장이든, 일단 끌리는 데로 가보자. 그 끌림이 귀차니즘에 의한 것인지 여유로움에 의한 것인지에 대한 생각도 멈추자. 그저 거기서 무엇에 눈길이 갔는지만 기억하자. 기억조차 귀찮다면 손에 셀카봉을 들고 눈길 가는 대로 동영상을 찍으면 된다. 어디에서 무엇에 눈길이 갔을까? 내가 선택한 것은 무엇일까?

집에 돌아와 동영상을 보니, 파란색 넥타이에 시선을 두었음이 확인된다. 백화점에 진열된 짙은 파란색에 이끌렸던 모양인데 인지하지 못한 채 그냥 지나쳤다. 나는 왜 거기에 서 있었던 것일까? 우선 넥타이는 내 취향이 아니다. 넥타이가 어울릴 만한 옷을 가지고 있지도 않다. 아마도 그 넥타이를 매면 좋을 사람을 떠올렸던 모양이다. 그에게 파란색이 어울린다고 생각했기 때문일까? 어쨌건 색은 이쁘다. 여름이라 청량한 색이 더욱 돋보인다. 남자의 넥타이는 그 남자 자신을 표현한다고 한다. 파란색 넥타이는 현실적이고 합리적인 사람들이 주로 선택하는 것으로, 그런 사람들은 대체로 세련되고 다정하면서도 비판적인 관점을 잃지 않는다. 그런 이미지 때문에 누군가의 신뢰를 얻어야 하는 자리에 갈 때 파란색 넥타이를 선택한다고 한다.

하지만 모든 사람이 파란색 넥타이를 선호하는 건 아니다. 넥타이를 아예 매지 않거나, 누군가가 사 준 것을 별 뜻 없이 매는 사람도 많다. 그런 사람은 자신의 스타일이 없는 것일까? 물론 그렇게 볼 수도 있겠지만, 스타일이 없다는 것도 스타일이다. 취향이 없는 것도 취향이라는 의미다. 어떤 객관적 범주에 들어가지 않을 뿐이다.

선택의 여지가 없을 때에도 우리는 어떤 식으로든 자신을 드러낸다. 학창 시절, 교복과 머리 모양이 정해져 있음에도 불구하고 우리는 교복의 주름으로, 허리 라인으로, 하물며 이마로 내려지는 몇 가닥의 머리카락으로라도 자신의 취향을 드러냈다. 아니면 신발 안에 신는 보일 듯 말 듯한 양말로도. 당신은 어떤 양말을 선택하는가? 비슷한 검정을 고집하거나 옷과 비슷한 색을 매칭할 수도 있다. 혹은 보색으로 고를 수도 있다. 그렇다면 재질은? 실크, 면, 친환경 소재? 양말과 어울리는 운동화 혹은 구두는? 가성비를 따진다 하더라도 그 조건 안에서 색이나 재질을 선택할 수 있다.

온라인 쇼핑몰에는 필터 선택 기능이 있다. 가격과 색상, 브랜드 등을 지정해 물건을 고를 수 있게 돼 있다. 오프라인에서는 그런 필터가 작용하지 않으니 훨씬 더 고르기가 난감하지만 무엇에 끌리는지 아는 기회가 되기도 한다. 요즘 흔히 쓰는 말로 '꾸안꾸'라는 것이 있다. '꾸민 듯 안 꾸민 듯'한 모습을 이르는 말이다. 의도한 것이건 의도치 않은 것이건, 한 사람의 스타일은 표현된 뒤에 판단된다. 연구가들은 사람들이 무언가를 선택하는 배경에 어떠한 삶의 양식이 자리하고 있는지 살펴보기도 한다.

다시 양말을 가지고 생각해보자. 가성비를 따지거나, 양말은 닳아서 못 신을 때까지 신어야 한다는 생각을 가진 사람은 중산층이거나 보수적인 가치관을 가졌을 가능성이 높다고 한다. 싸구려 양말을 즐겨 신는 사람은 외모에 신경을 안 쓰는 사람일까? 꼭 그렇지도 않다. 그저 양말에까지 신경을 쓸 필요는 없다고 생각하는 경우도 많으니까. 이런 사람들은 같은 양말을 많이 사서, 한 짝이 떨어지면 다른 짝을 가져와서 같이 신어도 무방하다고 생각한다. 심리학자들은 이런 사람들이 실용적인 면에 충실하다고 말한다. 그런가 하면 취향보다는 어떤 목적을 염두에 두고 양말을 선택하는 사람들도 있다. 환경 보호에 관심이 있는 사람이라면 조금 비싸더라도 천연 섬유로 만든 양말을 고를 것이다. 다른 비용을 줄여서라도, 혹은 멀리까지 찾아가서라도 환경에 도움이 되는 선택을 하려고 할 것이다. 이처럼 어떤 물건에 대한 취향은 사람들의 정치적 신념이나 태도 등을 나타내기도 한다.

한때 우리나라에서 등산복이 크게 유행한 적이 있다. 고가의 등산복을 입은 사람들이 산속뿐 아니라 도시 곳곳에서, 심지어 먼 나라에서도 발견되었다. 유럽을 여행할 때 한국 사람들을 발견하려면 울긋불긋 등산복 차림의 사람들을 찾으면 된다고 할 정도였다. 관광객들로 인해 유럽

도시의 미관이 훼손된다고 심각한 우려를 표현하던 이들도 있었다. 대표적 '아재 패션'으로 일컬어지던 등산복 스타일은 한동안 온라인과 오프라인 어디에서나 자주 등장했고, 취향에 예민한 몇몇 사람들에게서 배척당하기도 했다. 이런 현상의 심리학적 배경은 경험 과학 즉, 사회학적 방법론에서 자주 다루어진다. 이러한 객관적 지표를 무시할 수는 없지만, 그렇다고 그것이 한 인간의 삶과 취향을 다 설명해줄 수 있는 것은 아니다.

적어도 개인의 자유와 자존감이 가장 극대화되고 있는 지금에 이르러 취향은 더 이상 자신의 사회적 위치를 보여주는 표식이 아니다. 그것은 개별화된 인간이 자기 고유성을 가장 잘 표현하는 방식일 뿐이다. 그러므로 판단 후에 선택하는 게 아니라, 선택 후에 나의 모습을 지각하고 인식하고 판단하는 것도 나쁘지 않은 것 같다.

취향으로 소외되다 - 욕망된 것들

은근히, 대놓고 따라 하기

내가 중고등학교에 다니던 시절, 가끔 반장이 클래식 음악 연주회 초대장을 나누어주었다. 대부분 무료 초대장이었고, 종종 추가로 티켓 값을 내야 하는 경우에는 학급 임원들이 구매해 할당량을 채웠다. 무슨 음악인지도 모르고 그저 의무감으로 연주회에 참석해야 했다. 때때로 부모님과 클래식 음악 연주회에 다녀왔다는 반 친구를 보면 '저 아이는 부자구나', '비싼 돈 주고 왜 저런 걸 듣지?' 하고 생각했을 뿐, 큰 관심이 없었다. 내 관심사는 공연 같은 것이 아니라 가방, 신발, 값비싼 문구류 등이었다. 아버지가 외국 출장 중에 사 왔다는 연필을 나눠주는 반 친구를 부러워하기보다는 그 연필에 더 열광했던 것 같다. 그 친구가 가지고 다니던 색다른 디자인의 가방도 기억난다. 늘 보던 것과는 다른 것, 내 용돈으로는 도무지 살 수 없는 물건들을 보며 좋아했던 기억이 있다. 그런 기억 때문일까. 새 학기가 되면 문구점에 가서 독특한 연필이나 노트를 고르며 특별한 시간을 보내곤 했다.

심리학자 주디스 리치 해리스Judith Rich Harris는 《양육가설》에서 아이는 자라면서 자기가 속한 사회에 존재하는 '사회 범주'를 파악하는 일을 우선 과제로 삼는다고 했다. 사회심리학자 수잔 피스크Susan Fiske는 문화라는 것이 관습과 기술, 동인으로 이뤄져 있다고 말한다. 나와 함께 시간을 보내는 이가 누구이며 내가 어떤 문화 속에 있는가에 따라 무언가를 하고 싶다는 동기가 더불어 일어난다. 동기가 생기고 습득하게 되면 그다음에 따라오는 행동은 매우 자연스러울 것이다.[*] 여기서 관습이라는 것은 일종의 사회적 습관이다. 그렇기에 똑같은 공연 티켓도 부모님과 함께 자주 음악 연주회에 다니던 아이와 그런 경험이 없었던 내가 받아들이는 것이 전혀 다르다. 그것은 우리가 치마 입은 남자를 상상하기 어려운 것과 유사하다. 자기가 속한 문화가 결국 이해의 바탕이 될 것이고 이것이 취향을 결정하는 데 매우 지대한 영향을 끼칠 것이다. 부르디외가 이러한 현상을 두고 구별 짓기라고 한 것에는 이견이 없다. 그러나 인간은 환경에 속한 존재가 아니라, 그 환경과 조건을 변화시킬 수 있는 존재라는 것에 더 큰 관심을 두고자 한다. 부르디외는 그러한 조건을 변화시키는 일이 충분히 가능하며, 그것이 지식인의 과제라고 보지 않았던가. 그러나 그 조건의 변화라는 것이 고급문화로의 지향을 목적으로 삼아야 한다고 생각하지는 않는다.

　나이가 들고 어른이 되어가면서 내가 그러한 문화적 취향에 접근할 수 없었던 것은 경제력 때문이었다는 사실

[*]　주디스 리치 해리스, 《개성의 탄생-나는 왜 다른 사람과 다른 유일한 나인가》, 곽미경 옮김, 동녘사이언스, 2007, 290~301쪽 참조.

을 깨달았다. 그래서 그 간극을 뛰어넘기 위해 애를 썼다. 틈틈이 클래식 음악을 듣고, 비싼 다기를 구입해서 쓴맛의 녹차도 우려 마시고, 원두를 직접 볶아서 블렌딩도 해보면서 고급 취향이라 불리는 것들을 학습해갔다. 그러나 클래식 음악은 내 스타일이 아니었고, 녹차는 여전히 떫었으며, 일하느라 바빠서 차를 천천히 우려내 마시거나 원두를 볶을 만한 여유를 가지기도 힘들었다. 결국 나는 더 이상 녹차를 우려 마시지도, 원두를 사서 집에서 로스팅한다고 설치지도 않는다. 그냥 커피 전문집에서 볶은 원두를 사온다. 나는 유행에 따르지 않는다고, 스스로의 욕망에 충실하다고 말했지만 유행에 민감한 사람이었다.

과거에는 대개 초대장을 받아서 연주회에 갔지만, 이제는 많은 사람들이 자신이 원하는 연주를 찾아가서 듣는다. 심지어 공연을 보기 위해 외국으로 가는 일까지 있으며, 해외 여행 중에 어느 도시를 일부러 찾아 공연을 감상하기도 한다. 다른 사람들의 공연 리뷰를 보는 것은 필수다. 가끔씩은 가심비에 충실하며, 내 주머니 사정이 여의치 않아도 사치를 부려보기도 한다. 몇 십만 원의 티켓 값을 내고 오페라 공연을 보고, 편의점에서 몇 백 원짜리 컵라면을 사 먹는 일은 모순되지 않았다. 취향을 가질 만한 어떤 여유도 없어 보일지라도 무리해서 여유를 만들 수 있다. 이 모든 것을 상대적이라 뭉뚱그려 말하기는 어렵다.

그러기에는 우리 삶의 조건들이 때로는 너무 팍팍하기 때문이다. 그렇다고 해서 내 주머니 사정이 내 삶의 방식을 결정할 수는 없다.

　나의 욕망과 타인의 욕망을 구별할 수 있을까? 내가 노력했던 그 모든 것은 나의 욕망이 아니라 어쩌면 타인의 욕망이 아니었을까? 나는 그것을 따라 했고 내 것으로 만들려 했을 뿐이다. 아리스토텔레스는 인간은 모방을 통해서 쾌를 느낀다고 했으니, 그것은 나만의 문제가 아니라 인간의 본성이라는 측면에서 고개를 끄덕거려도 될 것 같다. 그냥 따라 해보자. 어차피 어울려 사는 게 인생 아닌가. 히트 상품이 등장하면 너도나도 따라 사고, 그래서 그 상품은 승승장구한다. 이것을 '쏠림현상'이라고 말한다. 스타벅스의 빅 아이템은 무슨 수를 써서라고 그것을 구하게 만들고, 시커먼 애벌레들이 꿈틀꿈틀 다니는 듯해도 검정 롱패딩의 인기는 치솟는다. 잠옷 차림에 살짝 걸치고 집 앞 가까운 가게에 다녀올 때도, 추운 겨울 실습실에서 밤을 셀 때도 롱패딩은 아주 유용하게 쓰인다. 나이키가 한창 유행했을 때 흰 러닝셔츠나 먼티 가슴팍에, 심지어 하얀 고무신에 매직펜으로 나이키 로고를 그려 넣던 일은 가난한 시절의 즐거운 기억으로 남았다.

팔로우 미

사람들은 SNS에서 타인의 삶을 따라다닌다. 그들이 먹는 음식, 옷, 여행지 등을 훔쳐보며 대리만족한다. 우리는 SNS를 활용해 사회에 영향을 미치는 이들을 '인플루언서'라고 부른다. 인플루언서는 연예인이 아니다. 일반 대중은 연예인 따라하거나 자신만의 방법으로 인플루언서로 자리잡기도 한다. 그들이 선보이는 소품이나 여행지는 새로운 핫아이템과 관광지로 거듭난다. 그들은 엄청난 파급력을 가지고 있다. 그들이 보여주는 건 자연스러운 일상이 아니다. 그것은 하나의 컨셉이다. 취향으로 소외되었던 많은 것들이 다시 우리의 일상으로 돌아와, 각자의 취향으로 분배되기 시작했다. 예를 들어 트롯은 한때 일부 기성세대가 열광하는 음악으로만 인식되어 외면되기도 했지만 지금은 세대를 넘나들며 대중화되고 있다. 나는 어떤 컨셉을 가질 것인가? 나의 컨셉을 누구에게 어필할 것인가? 그 어필을 통해 분명 나는 '나'로 기억될 것이다. 기억은 한 존재의 정체성을 유지할 것이기에, 사람들은 두려워하지 않는다. 누군가로부터 미움을 받게 될지언정 잊히고 싶지는 않다. 악플보다 무서운 건 무플이라는 말이 괜히 나온 것이 아니다. 잊히는 존재가 되지 않기 위해서 취향을 따라하던 사람들은 종종 자신의 고유한 취향을 발견하고, 그렇게 형성한 취향으로 타인을 이끌기도 한다. 유행을 따르다 어느

새 유행을 선도하게 되기도 하는 것이다.

넷플릭스에서 방영하는 드라마 〈블랙 미러〉의 한 에피소드는 '좋아요'에 열광하는 사람들과 그로 인해 훼손되어가는 삶의 모습을 그린다. '좋아요'가 많다는 것은 다른 사람들로부터 인정받고 공감을 받는다는 뜻이며, 그것을 올린 사람의 사회성이 좋다는 것을 의미한다. 반면에 '좋아요'를 받지 못한다는 건 그것을 게시한 사람이 사회성이 부족하고, 때로는 위험 인물임을 의미하기도 한다. 팔로워를 많이 가진 사람들은 인플루언서가 된다. 그들의 취향은 선망받는 취향이 되며, 그들은 자신의 스타일을 더욱 공고히 해나간다. 그래서일까. 인스타그램 혹은 페이스북 포스팅의 '좋아요' 표시에 사람들은 민감하다. 무엇이 좋은지 구체적으로 말하진 않더라도 '좋아요'를 누르면서 우리는 어떤 소통을 기대하는 듯하다. 대체로 사진에 얼굴이 있을 경우, '좋아요'의 수가 훨씬 많다. 아마도 덜 위험하다는 느낌 때문일까. 사람들은 위험에 노출되는 것을 두려워한다. 그래서 일상을 그대로 드러내지는 못한다. 팔로워들은 포스팅된 사진 이면의 것을 생각하고 싶어하지 않는다. 인플루언서들도 자신들의 일상이 기획된 것임을 부정하지 않는다. 그런들 어떠랴. 중요한 것은 팔로워 수가 얼마나 많은가 하는 것일 뿐. 나의 욕망은 비록 타인에 의해 강요된 것일지언정 인정받아야 하며, 만약 인정받지 못하더라도 공감은 되어야 하며, 결코 소외되어서는 안 되기 때문이다.

'좋아요' 수는 타인에게 받은 관심의 정도를 나타낸다. 어떤 공감도 받지 못한 삶은 소외된 삶이다. 적어도 그들의 세상에서는. 페이스북 같은 SNS에 일상을 습관처럼 끊임없이 올리는 사람들은 마음이 불안한 거라고 진단하는 이들도 있다. 일종의 '관계불안'이라는 거다. 불안하므로 이야기를 들어줄 사람이 필요하고, 그 이야기를 들었음을 나타내는 신호인 '좋아요' 표시에 안심하기도 한다는 것이다. 그러나 일상을 포스팅하는 모든 사람을 관계불안으로만 보아서는 안 되는 것도 사실이다. 왜냐하면 SNS를 사용하는 이유는 취향의 수만큼이나 다양하기 때문이다. SNS를 사용하면서 자신이 하고자 하는 일에 대해 다른 이들에게 공감받고 함께하자고 제안하려는 사람들도 있고, 오프라인 일상에 지쳐 혼자만의 방에서 새로운 관계를 지속하고 싶은 사람들도 있으며, 사회가 공유하기를 바라는 어떤 선한 의지를 불러 일으키고자 하는 사람들도 있다. 일상 속 타인과의 관계에서 피로감을 느껴 SNS를 하나의 도피처로 삼는 이들도 있고, SNS에서 활발히 타인과 소통하며 자기 욕구를 표현하는 이들도 있다. SNS를 자주 사용하는 이들은 자신들의 삶의 방식을 타인과 공유하고, 타인의 방식을 따르기도 하며, 반대로 타인이 자신의 방식을 따라오기를 희망하기도 한다.

포스팅된 사진을 보면 사회적 신분을 드러내는 유형과 자신의 개인적인 삶의 모습을 강조하는 유형으로 나뉜다. 첫 번째 경우는 누구와 어디서 무엇을 하고 지냈는지를 매우 상세하게 올린다. 두 번째 경우는 누구와 무엇을 했는지가 아니라 내가 오늘 무슨 생각을 하고 무엇을 선택했는지를 보여준다. 이 두 경우 모두 취향을 드러내는 한 방편이다. 그는 어떤 취향을 가진 사람인가? 그 취향은 어떻게 사람들과 공유하고 소통되는가? 인간은 어떠한 경우에도 관계를 벗어나 홀로 존재할 수 없다. 그런 이유로 우리는 누군가를 따르기도 하며, 따라오라고 손짓을 하기도 한다. 따라갈 것인가, 따라오라고 손짓할 것인가? 이 질문에 만일 나라면 "상황에 따라 다르지"라고 답할 것 같다.

욕망을 실현하다

SNS에 표현된 삶은 만들어진 삶일까? 그 삶은 거짓된 삶이고 그렇기에 그 비현실적인 삶에서 벗어나야만 하는 것일까? 사람들은 종종 궁금해한다. SNS 너머의 진짜 모습을. 그런데 그것을 확인할 길은 없다. 행복해보이는 모습만을 올리는 이들의 이면은 불행할까? 우리는 어차피 보여주고 싶은 것만 보여주지 않는가? 심지어 자기만의 일기장을 기록할 때에도 자꾸 타인을 의식하게 되지 않는가? 그러니 SNS를 환상의 세계라고 치부할 수만은 없다. 다만 SNS를 하면서 다른 이들에게 끌려다니느라 피곤하다면 그것을 그만두어야 한다. 나의 욕망을 실현하는 일은 결국 나 자신의 선택에 달렸다. 비록 타인의 욕망이 나에게 투영된다고 해도 그렇다. 그렇기 때문에 늘상 물어야 한다. '이 일이 내게 지속적인 즐거움을 줄 수 있을까?' 하고.

우리가 알고 있음에도 군이 외면하고 싶어하는 것은 타인은 나에게 그다지 관심이 없다는 사실이다. 그들의 분노는 타인을 향한 공격성보다는 자신에게로 향한 공격에 대한 두려움에 기인한다. 그들은 어떤 특정 존재가 아니라 그 존재가 내게 어떤 영향을 미치는가에 더 관심을 둔다. 그래서 우리에게 필요한 것은 자극에 대한 반응과 같은 즉각적인 이해利害관계가 아니라 소통과 이해理解이다. 그것이 곧 자신이고자 하는 욕망의 실현이라 생각한다.

타인의 욕망을 나의 욕망으로 바꾸어버리자. 진정한 나만의 모습, 타인과 관계없이 존재하는 것은 없다. 인간은 사회적 존재이다. 이 말은 인간을 관계적 존재로 규정 짓는다. 관계성 없이 인간은 자신을 결코 이해할 수 없다. 나의 욕망이 전적으로 타인의 욕망이기만 한다면, 나는 누군가의 그림자처럼 자기 색을 드러내지 못한 채 무의미한 존재로 남을 것이다. 어떠한 인간도 자기 욕망 없이 타인의 욕망만을 지니거나 반대로 타인의 욕망 없이 자기 욕망만을 지니는 것은 불가능하다. 우리는 서로를 비추는 거울이기 때문이다.

（6）

취향은 스타일이지

소비를 통해 만들어지는 스타일

취향은 만들어지는 것일까, 만들어가는 것일까? 과거 취향을 아무나 가질 수 있는 것은 아니라고 생각했다. 왜냐하면 먹고살기도 바쁜 이들에게는 무엇을 좋아하고 선택할지 생각할 여유가 없기 때문이다. 그래서 취향은 상류층이나 귀족 계급의 전유물처럼 여겨졌다. 돈이 없는 사람은 여유 시간을 갖기 어렵다는 사실을 모르는 이는 없을 것이다. 우리의 일상 속 삶의 스타일은 돈에 영향을 받고 있다. 쇼핑몰에서 끌리는 모든 물건을 내 스타일이라면서 덥석 가져올 수는 없다. 다만 소비자로서 할 수 있는 일은 끌리지만 감당할 수 없는 것을 애써 물리치고 그나마 선택할 수 있는 범위 안에서 최선을 선택하는 것이다. 이상과 현실 사이에서 고통받던 일부 소비자는 '차라리 내가 만들어버리자!'라고 외치며 생산자로 나서기도 한다.

이처럼 소비자는 생산자로 탈바꿈할 수 있다. 원하는 게 없다면 무엇인가를 원하도록 생을 북돋워보고, 원하는 것이어도 내 것이 될 수 없다면 내 것이 되도록 만들 수 있는 방법을 찾아보자. 내 호주머니는 어느 정도까지 허락할 수 있을까? 매번 확인하지 않을 수 없다. 한계를 넘어서는 안 되기 때문이다. 공급자들은 소비자들의 개인 취향에 반응하여 새롭고 희소성 있는 것들을 지속적으로 만들어낸다. 이에 따라 유행은 점점 더 빠른 속도로 움직인다. 그래서일까? 스티브 잡스는 '소비자는 직접 보여주기 전까지는 자신이 무엇을 원하는지 모른다'고 말하면서 공급자가 소비자의 스타일을 만들어가는 것이라고 말한다.

그러나 취향 존중, 취향저격 등의 말에서 보듯, 이제 취향은 한 개인의 독특한 생활 방식과 스타일을 나타내는 말이 되었다. 소비를 통해 스타일이 만들어진다면, 소비의 방식을 바꿔 돈이 내게 미치는 한계를 무너뜨리면 어떨까? 인터넷을 통한 소비의 방식은 이러한 삶을 가능하게 한다. 생산자와 소비자는 이미 서로의 경계를 넘나들면서 누가 생산자이고 누가 소비자인지 알 수 없게 되었다. 취향 존중과 취향저격은 바로 이렇게 자신의 스타일을 만들어내는 사람들의 심리를 보여주는 말들이다. 디지털 기술이 발달하여 정보가 쏟아지는 21세기에는 그 경계, 그러니까 나와 타인을 구별하는 경계가 희미해졌다. 어떤 이들은 그런 경계가 이제 필요 없다고 말하기도 한다. 그럼에도 우리는 그 안에서 개별성을 말해야 한다. 이 개별성은 관계성을 떠나 말해질 수 없다는 것, 그래서 우리는 자본의 시대에 소비를 통해 스타일을 만들어간다.

지그문트 바우만Zygmunt Bauman은 《리퀴드 러브》에서 우리 삶의 유동성, 쉽게 이어졌다가 끊어졌다를 반복하는 삶에 대해 이야기한 바가 있다. 그는 관계relationships라는 말 대신에 연결됨connectedness이라는 표현을 사용한다. 네트워크로 연결된 세계는 쉽게 연결하고 끊을 수 있는 일종의 망matrix이다. 여기에는 전통적인 공동체에서 중요하게 여기는 관계성이나 연대감이 없다.* 관계 지속성에 대한 기대가 없으나 이들에게는 찰나의 미학이 있다. 오랫동안 대중문화나 대중적 취향에 대해 제기된 비판은 '유행만 있지 스타일이 없다'는 점이었다. 사람들은 유행을 따르지 않으면 소외되는 듯한 느낌에 유행을 좇게 되었고, 그 때문에 자신의 스타일을 잃어버리게 되었다.

그러나 유행에 휩쓸리지 않고 자신을 지키고자 하는 사람들이 나타나, 이들을 일컫는 새로운 개념들이 나오고 있다. 일명 '컨셉러'라고 불리는 이들은 가성비를 따지지도 않고, 무조건적인 유행을 따르지도 않는다. 각자가 원하는 컨셉과 스타일, 연출을 중시한다. 이런 이들이 나타나는 현상을 보면 인터넷 보급으로 인해 누구나 같은 스타일을 가지게 되어 개인의 고유한 특징을 잃어버릴까 두려워하지는 않아도 될 것 같다.

누구나 어디로든 접속할 수 있다는 말은 선택지가 많아졌다는 뜻이 된다. 많은 선택지 중에서 무엇을 선택해야 할지 망설이던 시대는 이미 지났다. 사람들은 온라인과 오

---

* 지그문트 바우만, 《리퀴드 러브》, 권태우·조형중 옮김, 새물결, 2013, 24쪽 참조.

프라인을 넘나들면서 관심사에 대한 정보를 나누고, 관심사가 비슷한 사람들끼리 커뮤니티를 만들기도 한다. 자신이 속한 계층에 따라 취향이 나뉘던 시대가 지나고, 이제는 소비하는 인간 즉, '호모 콘수무스Homo Consumus'가 등장했다. 사람들은 이제 취향을 바탕으로 갖가지 것들, 예를 들어 인디음악이나 독립영화 같은 것을 소비한다. 바우만은 이들을 가리켜 사회적 유대가 없는 사람들이라 평가하지만* 이것이 이들만의 스타일이다.

나만의 일상에 취하다

자신의 취향을 드러내고자 하는 욕망은 트위터, 페이스북, 인스타그램으로 확산되었다. 사람들은 일상을 마음껏 드러낸다. 매일의 삶을 동영상으로 촬영해 공유하는 '브이로그'는 그 절정이라 하겠다. SNS와 브이로그를 통해 보여지는 사람들의 일상은 크게 다르지 않다. 아침에 일어나 식사를 하고 음식을 만들고 청소를 하고 일을 한다. 사람들은 그런 삶의 모습을 자연스럽게 보여준다. 일종의 나르시시즘에서 비롯된 행위라고도 볼 수 있겠다. 어쨌건 사람들은 타인에게 스스로를 드러냄으로써 타인과 자신을

*   지그문트 바우만, 앞의 책, 170쪽 참조.

구별하고자 한다. 자신을 뽐내려고 하는 것이든, 신분을 과시하려고 하는 것이든 각자가 살아가는 방식일 뿐이다. 우리는 SNS에 나타난 타인의 삶을 보며 나름의 판단을 내린다. 그러나 그 판단에 내 삶을 좌지우지할 이유는 없다. 그 판단은 판단 내린 이의 것이기 때문이다. 그것으로 끝인가? 나는 나의 일상에 취하고 너는 너의 일상에 취해 살다가, 어느 한쪽이 싫으면 그 연결 고리를 끊으면 그만인 것일까? 아쉽게도 관계는 그리 쉽게 끊어지지 않는다.

그렇다고 나의 일상에 취하는 즐거움을 포기할 수도 없다. 사람들에게는 타인의 일상을 훔쳐보고자 하는 욕구도 있지만, 자신을 드러내고자 하는 욕구도 있다. 자기 표현이라는 본능적인 이 욕구는 자신을 드러내는 행위로 나타나고, 사람들은 여기서 즐거움을 느낀다. 그러나 우리는 단지 즐겁다는 이유만으로 자기표현의 욕구를 긍정하지는 않는다. 자신을 드러내는 행위, 그것이 과시로 드러나든 무엇으로 드러나든 타인으로부터 인정받고 싶다는 욕구를 수반한다. 나를 드러내는 즐거움이 타인의 존재를 불러오고, 이러한 행위에서 우리는 타자의 존재를 긍정한다는 가치를 생각해볼 수 있다. 타인은 또 다른 나이다. 나의 즐거움과 타인의 즐거움은 각자의 고유한 삶의 경험에 의해 달라지겠지만, '즐거움'이라는 정서는 공유된다. 나만의 일상을 즐기려는 욕구는 또 다른 '나'인 타인의 그러한 욕구를 인정하는데서 인정받게 될 것이다. 그리하여 나만의 일상을 즐기려는 욕구를 지극히 자연스러운 것이라 여겨도 될 것이다. 그러므로 이 욕구가 혹시나 이기적인지 고민하거나 불안해할 필요는 없다.

우리는 장을 보러 갈 때조차도 자신의 삶을 드러낸다. 쇼핑을 하는 장소, 쇼핑하러 가기 위해 입는 옷, 장바구니를 들고 유기농 제품 코너에 가서 비닐 포장이 없는 제품들을 선택하는 모습, 또는 알 수 없는 끌림에 이끌려 손에 든 물건들을 통해 의식적이건 무의식적이건 자신을 표현한다. 그러한 하나하나의 선택의 이유는 중요하지 않다. 누군가의 일상을 들여다보는 것이 관음증적 행위로 폄하되고 내 일상을 드러내는 것이 노출증에서 기인한 것이 아니냐는 걱정스런 시선을 받아도 그 행위가 나를 기쁘게 하는 일이라면 그냥 즐기면 된다. 물론 타인의 평가에 귀 기울이고 스스로를 돌아봐야 하는 때도 있다. 나의 일상에 뭔가 문제가 있다고 느끼기 시작했을 때, 혹은 내 일상으로 누군가가 피할 수 없는 피해를 입게 되었을 때가 바로 그런 때이다.

어떤 사람이 드러낸 일상이 남들의 그것과 하등 다를 바 없을지라도 그 삶의 한 부분이 그가 주목하고 싶어하는, 혹은 선택한 자신의 일상이다. 그것은 결코 진실을 숨기거나 드러내는 허상이 아니다. 있는 그대로의 일상은 처음부터 없다. 그러니 있는 그대로의 일상이 아닌 꾸며진 일상이라는 비난은 무의미한 말이다. 그저 나는 내 일상을 내 방식으로 취할 뿐이다.

취향 존중 혹은 취향 공감의 시대

개인의 취향이 존중받아야 한다는 시대가 되었다. 다른 사람들이 내 취향을 어떻게 생각하는지는 더 이상 중요하지 않게 되었다. 그럼에도 불구하고 비주류의 취향은 여전히 차별받는다. 다수를 차지하는 주류와 다르다는 이유에서이다. 이러한 아이러니 속에 우리는 더욱 용감해질 필요가 있다. 미움에 익숙해지고 자유로워질 필요가 있다.

2018년 시장조사 전문 기업인 엠브레인 트렌드모니터의 조사에 따르면, 우리 사회는 사회적 관습에 따르기보다는 개인의 취향을 존중하는 쪽으로 변화하고 있다. 그럼에도 '모난 돌이 정 맞는다'는 속담은 여전히 그 생명력을 가지고 있다. 개인의 독특한 취향을 인정하는 쪽으로 변해가고 있지만 사회가 인정하지 않는 취향은 여전히 차별받는다는 의미이다. 이런 사회 분위기 때문에 차별금지법이 통과되지 않은 것이 아닐까. 나와 다른 성향을 가진 사람들을 인정하지 않는 분위기, 다수의 사람들이 옳다고 생각하는 것들과 다른 방향에 서 있는 사람들을 자기 쪽으로 돌리지 않으면 사회가 병들지도 모른다는 생각은 차별을 너무도 당연한 것으로 만든다.

취향이 다양하다는 것은 그만큼 그 사회가 건강하다는 의미가 된다. 그러나 개인의 취향을 인정하지만 자신과 다른 취향을 가진 사람들에 대해 자꾸 불편한 마음을 가지게 되는 상황을 우리는 어떻게 해결해야 할까? 비주류의 취향을 가진 사람은 자신의 취향으로 인해 차별받는 것이 아니라 공감을 얻길 바랄 것이다. 그가 남다른 취향을 드러내는 것은 남보다 우월함을 과시하기 위함이 아닌, 구별을 통해 자신의 고유성을 드러내고자 하는 욕구 때문이다. 다른 사람과 다르다는 것일 뿐, 우월하다는 뜻이 아니다. 그럼에도 그런 사람이 자신들의 취향을 드러내지 못하는 것은 그로 인해 받게 될 오해와 차별의 가능성 때문이다.

비주류의 취향을 드러내는 일은 차별을 무릅쓰는 용기가 필요한 일이다. 사람들은 같은 부류에 속하지 않은 이들을 매우 불편하게 여긴다. 사람들은 비슷한 취향을 가진 사람들을 볼 때 매우 반가워하며, 저마다의 취향은 존중받아야 한다고 여기면서도 취향을 공유하거나 함께하는 것을 매우 중요하게 여긴다. 공감받지도, 공유되지도 못한 취향을 지닌 이들은 소외되고 만다. 그래서 사람들은 자기만의 색깔, 남다른 취향 드러내기를 꺼린다. 비겁하게 자신의 모습을 숨긴 채 다수의 편에 서서 용기 없음을 사회 적응,

용기 있음을 사회 부적응쯤으로 간주하려 한다. 남다른 취향을 지닌 사람은 사회 속에 쉽게 편입될 수 없다. 그러므로 우리 사회는 취향 존중의 시대라기보다는 오히려 다른 이들에게 자신의 취향을 이해받기를 원하는 '취향 공감의 시대'라고 해야 옳지 싶다. 모두가 선호하는 명품 브랜드 대신에 구제품에 더 많은 관심을 가진다던지, 유행과 상관없는 자기만의 스타일을 고수한다던지 하는 것마저도 공감을 필요로 한다. 그렇지 않으면 나의 취향, 나의 스타일, 나의 존재는 그림자 같은 것이 된다. 공감에 대한 욕구는 어쩌면 존재에 대한 간절한 인정욕구일지도 모른다.

B급으로 취급되던 독특하면서 비주류인 취향은 개성으로 인정받고 공감받는 경우가 전보다 많아진 건 사실이지만, 그것은 예술이나 소비의 영역에 한해서다. 나의 취향은 공감받을 수 있을 것인가? 만약 그렇지 않다면 공감받지 못한 나의 취향을 지속해나갈 용기가 내게는 있을까? 공감받지 못한다면, 공감받으려는 노력도 필요하겠지만 그 노력조차 소용없다면, 나대로의 삶을 사는 것이 나와 타인에 대한 최대한의 배려일지도 모르겠다. 한 사람이 다른 한 사람에게 피해를 주는 것은 그 존재 자체의 불쾌함에서 오는 것이 아니라, 거부했음에도 불구하고 내게로 억지로 침입하는 강제성에 있다.

취향을 공유하다

랜선 관계

취향은 이해에서 공감으로, 그리고 공유로 이어진다. 나의 일상을 누군가와 공유하면서 공동체를 이루게 된다. 특히 랜선상에서 취향을 공유하는 사람들의 관계는 수직적이기보다 수평적이다. 공유를 통해 이루어진 커뮤니티에는 위계질서가 없다.

인스타그램이나 페이스북에서 공감과 공유가 이루어지는 방식을 한번 살펴보자. 나는 어떤 게시물에 댓글을 달아 공감을 표시할 수도 있고, 그 소식을 공유할 수도 있다. 공유를 할 때에는 게시물을 올린 사람의 피드에서 그 게시물의 공유 링크를 내 피드로 가져와 싣는다. 그러면 그와 나의 피드에 동일한 게시물이 실리게 되어 각각의 피드에서 같은 내용을 읽을 수 있다. 게시물을 맨 처음 올린 사람의 타임라인으로 굳이 찾아갈 필요가 없다는 뜻이다. 이런 일이 가능하도록 공유를 허락하는 이유는 무엇인가? 다른 이가 올린 게시물이어도 그것이 내 공간으로 오면서 또 다른 의미로 영향력을 끼치게 된다.

전체 공개되어 아무에게나 공유되는 게시물이 있는 반면에 비밀스럽게 공개되고 공유되는 게시물도 있다. 예를 들어 비공개 커뮤니티의 게시물들이 그렇다. 비공개 커뮤니티에서는 회원들끼리만 자료를 공유한다. 공유의 방식도 매우 제한적이다. 각자의 것을 커뮤니티에 가져와서 회원들과 나누는 것이다. 그래서 누구와 나누는지가 분명하다. 그러나 공개 커뮤니티에서는 다르다. 회원뿐 아니라 비회원도 자료를 공유할 수 있다. 페이스북의 경우에는 친구에게만 공유, 또는 전체 공유 등의 방식으로 공유를 결정한 사람이 공유 대상의 범위를 지정할 수 있다. 랜선에서의 공유는 동의를 얻지 않아도 철회할 수 있다. 처음에 게시물을 올린 사람이 그것을 삭제하면 공유된 곳에서도 동시에 삭제된다. 원 저작권자의 자기결정권에 따른 것이다.

　　랜선을 통해 이루어지는 취향의 공유는 앞서 말한 여러 요소로 인해 불안하게 느껴질 수 있다. 그 불안 심리가 사람들로 하여금 비공개 커뮤니티를 만들게 한다. 취향을 공유하는 공간에는 일종의 텃세가 있기도 하며, 취향 차이가 드러나는 순간 그 공간에 머물기가 어려워지기도 한다. 오프라인에서라면 서로의 얼굴을 마주하고 관계를 맺기 때문에 조금 다른 취향도 공동체에 크게 영향을 주지 않는 한에서 허용된다. 그러나 랜선 관계에서의 취향 공유는 쉽게 훼손될 위험이 있다. 왜냐하면 취향의 진실성을 확인하기가 어렵기 때문이다. 그 취향이 사회가 요구하는 보편성을 넘어서는 경우는 더욱 그러하다. 랜선 관계에서도 주체가 있지만, 그 주체가 분명하지 않는 경우가 있다. 그 주체는 그 또는 그녀일 수 있다. 혹은 그 또는 그녀가 이 사람일 수도 저 사람일 수도 있다. 그런데 우리는 취향이 한 개인의 고유성이며 스타일이라고 말해왔다. 그 고유성이 현실에서 실체를 가지고 존재한다는 것을 믿을 수 없을 때, 취향 공유를 통해 소통하고 공감하는 일은 어려워질 수밖에 없다.

그렇다면 랜선에서 취향은 어떻게 공유되는 것일까? 취향은 어떤 자료, 소식의 기록 같은 것이 아니다. 대개가 일상을 통해 전해진다. 우리는 자신의 일상을 보여주고 타인의 일상을 엿보면서 그 일상 속 취향을 공유하고 취향에 대한 정보를 주고받는다. 그 일상 속의 누군가가 실재한다고 믿는 것이다. 그 믿음 없이 우리는 소통할 수 없다. 실재의 여부를 확인하는 일은 사실상 의미가 없다. 우리는 소설 속의 캐릭터를 통해서도 다양한 세계를 경험하지 않는가. 사람들은 소잉카페, 산악회 등의 공통된 취미생활 커뮤니티에서 다양한 취향을 공유하기도 한다. 회원들은 굳이 만나지 않더라도, 사진이나 동영상 등으로 각자의 활동을 공유할 수 있다. 오프 공간에서 정기모임을 가질 수도 있지만, 가지 않아도 된다. 닉네임으로 살아가는 그가 '실재'하는 누구인가에는 관심을 두지 않는다. 나와 같은 취향과 취미를 가진 '○○ 님'을 통해 나의 취향이 공감되고 있음을 확인하는 것으로도 충분하다.

취향으로 하나 되는 살롱 문화

오프라인 공간에서 취향 공유는 어떤 방식으로 이루어질까? 각종 커뮤니티가 있다. 가장 흔한 것이 독서 모임이다. 독서 모임은 대개 책 취향이 비슷한 사람들로 이루어진다. 인문학 독서 모임이라 하더라도 주로 읽는 책의 취향이 모임마다 다른 탓에 새로운 멤버가 끼어들기가 무척 어렵다. 와인모임과 같은 특정 취향 모임은 더욱 그렇다. 와인이라는 취미는 문화자본으로 자리하여 집단 취향 간의 매개가 된다.

이런 모임에서 사람들은 취향을 공유하고 '우리'라는 연대를 가지며 공동체를 이룬다. 그러나 모임을 통한 취향의 공유는 뜻밖의 소외를 불러온다. 와인모임이라고 해서 와인 이야기만 하는 것은 아니다. 정치 이야기도 오가고 경제 이야기도 등장한다. 심지어 아이들의 교육과 취업 등의 이야기가 나오기도 한다. 사람들이 이런 주제에 대해 이야기를 나누며 전체적으로 하나의 공감대를 이루어가는데 누군가가 "저는 다르게 생각하는데요" 하고 말하면 갑자기 어색한 분위기가 형성된다. 모임 내에 다른 생각이 끼어들면 안 된다는 생각이 퍼져 있는 탓이다. 특정 취향을 매개로 모인 곳에서는 대개 취향뿐 아니라 생각의 방향이나 틀마저 공유되기에 자기만의 남다른 생각과 취향을 드러내기가 어렵다. 이처럼 오프라인에서 누군가와 취향을 공유하는 것에는 여러 어려움이 있다. 랜선 관계에서 이루어지는 것과는 다른 무거움이 있을 수밖에 없다.

최근 들어 이런 불편에서 벗어난 새로운 형태의 공유 문화가 생겨나고 있다. 일명 '살롱 문화'라는 것인데, 이는 17~18세기 프랑스에서 활성화되었던 것이다. '거실' 혹은 '응접실'이라는 뜻의 살롱salon은 사교 모임을 일컫는 말이 되었다. 그 시절 프랑스에서는 귀족, 예술가, 지식인들이 살롱에 모여 차도 마시고 음악도 듣고 대화를 즐겼다. 살롱은 성별과 신분에 상관없이 자유롭게 대화와 토론을 나눌 수 있는 곳이었다. 그런 살롱 문화가 우리나라에서 새로운 의미로 재탄생하고 있다. 친밀함과 특정한 이해관계를 중심으로 한 구성원들의 '모임'과 다른 의미로 전용되는 '살롱'은 취향을 공유하는 장소로서 구성원 사이의 연대가 느슨한 편이다. 그런 점에서 더욱 자유로운 것이다. 책, 음악, 요리, 글쓰기, 영화 등 다양한 주제와 취향을 공유하는 사람들이 서로에게 구속되지 않은 채 자유롭게 연결되고 끊어진다. 느슨한 연결은 연대와 소통의 폭을 오히려 확장시키기도 한다. 책의 취향으로 만난 사람들이 다른 공통된 취향으로 인해 글쓰기 모임이나 요리 모임에서 만날 수도 있기 때문이다.

현대 한국인들, 특히 젊은 세대가 살롱 문화에 관심을 갖는 이유는 무엇일까? 혼자 사는 삶에 익숙한 그들이지만, 무언가를 함께 나누고 싶은 욕구도 있다. 그런 욕구를 채워주기에 살롱 문화가 제격인 것이다. '와인 살롱을 엽니다. 참여하고 싶은 분들은 ○월 ○일 ○시에 ○으로 회비 ○원을 가지고 오면 됩니다'라는 공지가 붙으면 관심 있는 사람들이 그 장소로 모인다. 비슷한 취향을 가진 사람들이 모여 이야기를 나누면서 서로의 생각도 공유한다. 저마다 다른 생각들을 나누고, 다름을 통해 알 수 있는 것들도 공감한다. 세대마다 조금 다르긴 하지만 우리 사회에는 여전히 권위적이면서도 수직적인 분위기가 남아 있다. 그러나 젊은 세대가 만들어가는 살롱 문화에는 그런 것이 별로 없다. 대체로 인적사항에 대한 질문을 하지 않으며, 그래서 관계가 비교적 수평적이다. 그렇기에 낯선 곳에 아는 사람 없이 혼자서 회비만을 손에 쥐고 가도 어색하지 않다. 새로운 사람들을 만나는 즐거움이 있다.

이러한 살롱 문화는 젊은 세대에서 전 연령대로 확산되고 있다. 살롱을 통해 클래식 음악과 같은 고급문화를 편견 없이 즐기는 이들도 많다. 예전에는 클래식 음악 모임이라고 하면 접근하기 어려운, 교양 있는 사람만 참석하는 모임이라는 편견이 존재했다. 하지만 개방적이고 수평적인 살롱 문화가 등장하면서 클래식 음악도 편견에서 벗어나 자유롭게 즐길 수 있게 되었다. 취향 공유는 새로운 공동체의 가능성을 열어주는 일이다. 모든 만남의 내용은 각각 나름대로 가치를 가지고 있다. 고급문화만이 가치를 가지는 것은 아니다. 중요한 것은 참여하는 모든 이가 평등하고 자유로운 분위기를 느끼는 것이다.

모임에 가면 가장 부담스러운 것이 인적사항을 밝히는 일이다. 직업이 없을 때, 직업이 있어도 사회적 평가에 따라 비교가 되는 것일 때, 일반적이지 않은 가정사를 가지고 있을 때, 모임은 굉장히 부담스러울 수밖에 없다. 어쩌면 타인에 대한 지나친 관심은 타인의 삶을 침해하는 요소가 될 수 있다. 그래서 살롱의 특징이라 할 수 있는 블라인드 만남은 특별한 설렘을 준다. 나이와 직업을 밝히지 않아도 되기에 오히려 느슨한 관계가 유지된다. 사람들은 만나서 책을 읽고 이야기를 나누고 음악을 들으면서 심리적 만족감을 얻는다. 이런 모임은 온라인과 오프라인에서 같이 이루어지는데, 매개는 주로 온라인이다. 분기별로 회원을 모집하기도 하고, 매번 제시되는 주제에 따라 참석 의사를 밝히고 참여할 수 있게 되어 있기도 하다. 구속력이 없다는 것은 더 큰 매력이다.

취향을 공유하다 취향을 찾기도 한다. 바쁘게 살다가 보면 자신이 무엇을 좋아하고 무엇에 관심이 있는지조차 잊고 살 때가 많다. 살롱 문화를 즐기는 이들에게 중요한 건 '나심비' 즉, '나의 심리적 만족 비율'만을 고려하여 정해진 시장 가격에 상관없이 소비를 행하는 것이다. 이들은 마음을 가장 중요한 잣대로 삼아 그것을 충족시켜주는 것을 찾고 그 취향대로 즐기며 산다.

2018년 통계청에서 만 13세 이상 약 3만 9,000명을 대상으로 실시한 사회 조사 결과에 따르면 결혼 없이 동거만 해도 괜찮다고 한 비율은 56.4%이고, 결혼하지 않고도 자녀를 가질 수 있다고 대답한 비율은 30.3%이다. 젊은 세대는 결혼이나 가족이라는 단단한 틀 속에 매이기보다는 더 느슨한 관계 속에서 유연하고 자유로운 삶을 살고자 한다. 살롱 문화는 이런 세대에게 가장 적합한 문화 양식이라고 하겠다. 이러한 살롱 문화의 확산은 SNS의 보편화에 기인한다. 초기에는 트위터, 페이스북이 인기를 끌다가 이제는 인스타그램과 유튜브가 공유 플랫폼으로 뜨고 있다. 변화의 키포인트는 다음과 같다. 전통적인 모임이 계급 간 구별 짓기를 위한 모임이었다면, 지금의 살롱 문화는 집단적 구별 짓기에서 벗어나 개별적이고 느슨하면서도 자유로운 성격의 모임으로 거듭나고 있다는 점이다.

코로나 팬데믹 상황 속에서 비대면이 일상이 되어가고 있다. 새로운 문화 공유 방식이 요구되는 시점이다. 살롱 문화는 다중이 모이지 않고 공통된 관심사 즉, 같은 취향을 가진 사람들끼리 삶을 공유하는 형태로 생겨나고 있다는 것이 특색이다. 취향이 같은 사람들끼리 모였기 때문에 참여율도 높으며 만족도도 높다. 살롱 문화를 즐기는 사람들은 온-오프라인을 넘나들며 경계 없이 활동한다. 중요한 것은 취향이 매개라는 것이다. 취향을 공유하는 모임들은 주어진 주제에 집중하는 경우가 많다. 계몽시대 안주인의 초대로 다양한 관심사를 가진 지식인, 예술인 들이 모여든 그 응접실에서의 풍경이 다시금 펼쳐지는 것이다.

살롱 문화를 즐기는 젊은 세대가 앞선 세대와 다른 점은 온라인을 기반으로 활동하다가 오프라인 공간으로 나왔다는 것이다. 그들에게 살롱 문화는 취향을 공유하는 취향 공동체로, 삶의 중요한 가치를 사회적 시선이나 가치가 아닌 바로 자신에게서 찾고자 하는 이들이 만들어가는 삶의 모습 중 하나이다. 그들은 취향과 스스로를 동일시한다. 집은 없어도 취향을 포기할 수는 없다고 한다. 삶에 대한 의사결정권을 전적으로 자신들이 가지고 있으며, 취향을 무형의 자산으로 인식한다. 이들 Z세대는 음식, 게임, 스포츠, 휴식 등에 관한 이색적인 주제를 더 선호하며, 취향으로 관계 맺는 일에 매우 익숙하다. 저마다 다른 배경을 가졌다고 해도 관심사에만 집중하고, 관심사에 우열을 두지 않는다. 취향을 중심으로 관계 맺고 취향을 중심으로 소비하는 이들에게 취향은 바로 21세기의 시대정신이기도 하다.

남성 취향, 여성 취향

남녀 취향은 본질적 문제일까?

남자와 여자의 구별이 분명한 것처럼 남성 취향, 여성 취향도 한때는 그 구분이 명확했다. 남녀는 유별하여 그역할이나 행동거지나 옷차림, 그리고 있어야 할 곳조차도 달라야 했다. 그것이 음양의 이치이며 하늘의 명이라 생각했다. 20세기 후반까지만 해도 남학생은 '기술'을, 여학생은 '가사'를 교육받았으며 교련 시간에는 남학생은 전시에 투입될 경우를 대비한 교육을, 여학생은 간호와 관련한 교육을 받았다. 일상에서도 남자는 남자답게 행동하고 노는 것이, 여자는 여자답게 행동하고 노는 것이 당연하게 여겨졌다. 21세기에 이르러 이러한 구별은 차별로 인식되면서 공교육에서 교육적 차별은 줄어들었지만, 지금도 여아와 남아는 태어날 때부터 다른 환경을 제공받고 있다.

이를 가장 직접적으로 알 수 있는 곳이 장난감 가게이다. 장난감 가게에는 아이들이 태어나면서부터 손에 쥐게 되는 장난감이 성별에 따라 뚜렷이 구분되어 있음을 발견한다. 유치원과 학교에서도 여자아이들과 남자아이들의 놀이와 역할이 자연스럽게 구별되어 있다. 시대가 변해도 엄마 역할과 아빠 역할의 구별은 여전하다. 아들 가진 엄마들은 이구동성으로 요즘 여자아이들은 너무 거칠다고 말한다. 이러한 태도는 남자아이들의 거친 행동을 보고 남자답다고 웃으며 말하는 것과 상당히 대조된다. 사람들은 여전히 여자아이라면 여자답게 행동하고 여성적인 취향을 가져야 한다는 통념을 지니고 있다. 심지어 '남녀칠세부동석'이라는 말이 요즘에도 대화 속에서 농담처럼 불쑥불쑥 튀어나오기도 한다. 어쨌건 남성적이고 여성적인 것에 대한 구분은 오늘날에도 변함없이 존재한다. 사람들은 생물학적 남성과 여성의 본성이 다르다고 생각하며, 그에 따라 사회적 성 또한 구분되어야 한다고 생각한다.

팝스타 셀린 디온은 2018년 아동 의류 브랜드 '누누누'와 합작해 '셀린누누누'라는 브랜드를 론칭했다가 논란이 되었다. 셀린 디온은 이 브랜드를 통해 남자아이는 파랑, 여자아이는 분홍이라는 공식을 깨트리겠다고 나섰다. 아이들이 원하는 색상과 스타일의 옷을 고를 수 있으려면, 어렸을 적부터 고정관념을 가져서는 안 된다고 주장했다. 이 일로 셀린 디온은 남녀 성별을 부정하고 사탄에 사로잡혔다는 비판까지 받았다. 고작 몇 년 전에 벌어진 일이다. 이처럼 세상은 아직도 남녀 역할이 달라지거나 구별이 없어지는 것을 두려워하고 있다. 왜일까? 그까짓 게 뭐라고.

남녀는 왜 이토록 굳이 구별되어야 하는가? 남녀의 경계가 흐려지고 있음에도 이런 의문은 여전히 쓸데없는 것으로 취급되기도 한다. 남녀 구별은 여전히 너무도 분명한데 그런 걸 왜 묻느냐는 것이다. 다행히 요즘에는 남녀 경계에 대한 의문들이 조금씩 제기되고 있다. 그렇다면 언제쯤 여자 취향과 남자 취향을 구별하는 일이 사라지게 될까? 우리는 이 물음에 힘을 실어 다시 묻는다. '남자 취향, 여자 취향 따로 있나?'

어떤 사람들은 세상이 분명 변했으니, 자꾸 달라지지 않았다는 말로 세상을 더 복잡하게 만들지 말라고 한다. 그러나 그 말은 '어떤' 사람들의 삶을 매우 어렵게 한다. "남자도 분홍을 좋아할 수 있지!"라는 말은 여전히 소수의 사람들에게만 통용될 뿐, 이를 세상이 달라졌음을 나타내는 표시로 볼 수는 없다. 여전히 화장실의 성별 구분은 분홍과 파랑으로 되어 있으며, 남성복과 여성복의 구분도 명확하다. 여기저기에서 볼 수 있는 '여성 취향저격' 혹은 '남성 취향저격'이라는 문구는 우리의 일상이 아직 편견에서 빠져나오지 못했음을 확인하게 한다. 사람들은 생물학적 남성은 사회적으로 남성에게 요구되는 남성의 취향을, 생물학적 여성은 여성의 취향을 가지는 것이 자연스럽다고 단정짓는다.

분홍과 파랑은 각각 여성의 색과 남성의 색으로 굳어져버렸으니, 바꾸는 것이 오히려 더 혼란을 가져올 것이라는 말에도 일리는 있다. 아무 생각 없이 기존 색깔 구별에 따라 화장실에 들어갔다가 그곳이 자기가 생각한 성별의 화장실이 아닐 경우, 몹시 당황할 수도 있으니까. 그런데 이 모든 것이 너무 이상하다. 화장실은 언제부터 그렇게 남녀 따로 구별되기 시작했을까? 오히려 남녀 구별이 더 분명했던 시절에는 통합 화장실이 있었다. 그러나 남녀 구별 화장실을 사용하고 있는 지금은 그 구별에 어떤 인위적인 차별을 발견한다. 남자도 여자도 아닌 사람은 어디 가서 볼일을 봐야 하는 것일까? 우리는 남녀 구별이 그렇게 간단하고도 분명하게 이루어질 문제는 아니라는 점을 생각해봐야 한다. 남녀로만 구분하는 것은 그 구분 바깥에 있는, 설사 그 수가 적다고 해도 분명히 존재하는 사람들에게는 폭력이 될 수 있다.

다행히 성별에 따른 취향이 자연적이지 않고 문화적인 것이라고 이해하는 사람들이 늘어나고 있다. 그럼에도 오랜 관습은 그것이 마치 자연스러운 것인 양 착각하게 하는 경향이 많다는 것을 부정해서도 안 된다. 우리는 성별 취향에 대한 문화적 코드의 역사적 맥락을 살펴보고 남녀에 대한 선입견과 편견을 넘어 개인으로서의 취향을 가질 수는 없는지 살펴봐야 할 것이다.

분홍은 여자의 색? 숨겨진 잔혹사

1960년대에 시작된 가족계획은 산아제한이라는 속뜻을 품고 있었다. 계획적으로 출산하자는 말은 생각 없이 아이를 낳지 말자는 뜻이었고, 또 아이를 무조건 낳을 생각이라면 이왕이면 도움이 될 만한 남자아이를 출산하자는 뜻이었다. 남자아이는 노동력이고 집안의 기둥이지만, 여자아이는 치워야 할 존재였기 때문이다. 여자아이가 자라서 어느 정도 분별력을 가지게 되면 집안 경제를 돕거나 시집을 갔다. 그래서 여성은 개인으로서 가치를 가지기보다는 '여성'이라는 일반명사로 취급되었다. 여성에게는 개개인의 삶은 없고, 여성에게 부여된 규범적 삶만이 존재할 뿐이었다.

근대는 모든 인간이 평등하고 그 자유가 존중되어야 한다는 이념 아래 있었다. 여기에는 생명 존중이라는 위대한 가치가 당연히 포함되어 있었다. 낙태죄는 '태아도 생명'이라는 전제하에 생명 존중이라는 가치를 묻는다. 1953년에 형법상 낙태죄가 제정되었지만, 박정희 정권은 모자보건법을 제정하여 인공임신중절을 일부 허용했다. 하지만 생명 존중의 가치는 남아에게만 적용되고 여아에게는 적용되지 않았다. 물론 형식적으로는 임신중절이 본인이나 배우자가 유전되는 정신장애나 신체질환이 있는 경우에만 허용되었다. 그러나 현실에서는 성 감별을 통해서 여아라는 이유만으로 임신중절이 이뤄지는 일이 허다했다.

그 시절 임산부들은 임신 초기에 태아의 성별을 알기 위해 산부인과에 가서 "분홍색 옷을 준비할까요? 파란색 옷을 준비할까요?"하고 물었다. 성별에 따른 임신중절이 불법이기 때문에 그런 식으로 간접적으로 물었던 것이다. 분홍색은 여자의 색깔로, 파란색은 남자의 색깔로 구분되어 사용되었던 것이다. 그런데 정확히 언제, 어떤 계기로 이러한 구분이 생겨났을까? 또한 성별에 따라 색의 취향도 결정되어 있는 것일까?

1893년에 열린 세계 만국박람회에서 미국의 심리학자 조지프 재스트로Joseph Jastrow는 사람들에게 색깔 샘플을 나누어주고 가장 좋아하는 색을 선택하도록 했다. 사람들 대부분은 파란색을 선택했다.* 한편 캘리포니아 대학교 심리학 교수인 스티븐 팔머Stephen Palmer는 아기들을 대상으로 좋아하는 색이 무엇인지 알아보는 실험을 했다. 그 척도는 색깔을 바라보는 시간의 정도이다. 아이들은 어두운 노란색에 애착을 가지는 것으로 나타났다. 그런데 이 어두운 노란색을 좋아하는 어른은 별로 없다.** 그러면 아이들의 색 선호도와 성인들의 색 선호도는 왜 차이가 있는 것일까? 성인들은 어두운 노란색을 '똥색'이라고 표현한다. 똥색에 대한 싫고 좋음은 어떻게 생겨났을까? 이외에도 사람들이 좋아하는 색을 확인하는 여러 심리학 실

---

* 톰 밴더빌트, 《취향의 탄생》, 박준형 옮김, 토네이도, 2016, 17쪽 참조.

** 위의 책, 18쪽 참조.

험들이 이루어졌다. 이 실험들을 통해 문화나 교육, 적응을 통해 좋아하는 색이 학습됨이 밝혀졌다. 우리가 색을 좋아하는 것은 그 색 자체에 대한 기호가 아니라고 한다. 어른들은 똥을 싫어하나 보다. 자기가 먹은 것에 대한 결과일 뿐인데.

파란색을 좋아하는 이유는 파란 하늘과 바다에 대한 기억 때문일 수 있다. 붉은 장미에 폭 빠졌던 기억이 있는 사람은 붉은색을 열정적인 색깔로 이해할 수 있지만, 사고 현장에서 다량의 피를 발견해 놀란 적이 있는 사람은 붉은색을 싫어할 수도 있다. 또한 싫어하는 사람이 유독 노랑 옷을 즐겨 입었다면, 노란색을 좋아하지 않을 수도 있다. 누군가 내게 무슨 색을 좋아하냐고 묻는다면, 노란색 혹은 보라색이라고 답한다. 그러나 보라색 자동차를 선택하지는 않을 것이다. 내가 좋아하는 노랑은 개나리의 노랑이고, 보라는 라일락의 보라라고 말하면 더 정확할지 모른다. 순수한 분홍이나 파랑은 없다. 내 기억의 분홍은 진달래의 분홍이며, 파랑은 하늘의 파랑이다. 색의 취향은 뚜렷이 인지된 이유에서도 생기지만, 몸의 기억에서 유래해 그 이유를 잘 모르는 경우도 있다. 그것은 무의식의 영역이자 원초적 영역이고, 그래서 더 솔직하고 분명하다.

1897년 1월 24일 〈뉴욕타임스〉에 실린 '아기의 첫 번째 옷'이라는 기사에는 "분홍은 대개 남자아이의 색으로,

파랑은 여자아이의 색으로 간주되지만 어머니들은 그 문제에서 자신의 취향을 따르면 된다"고 쓰여 있다. 1918년 《브리티시 레이디스 홈 저널》의 기사에는 "일반적으로 널리 받아들여지는 통념에 따르면 남자아이에게는 분홍이, 여자아이에게는 파랑이 좋다. 분홍은 좀 더 분명하고 강해 보이는 색으로 남자아이에게 잘 어울리지만 파랑은 좀 더 섬세하고 얌전해 보여 여자아이한테 더 잘 어울리기 때문이다."라고 쓰여 있다. 2016년 12월 22일 《동아일보》에는 '돌아온 핑크 남자色'이라는 제목의 기사가 실렸으며, 2018년 5월 17일자 《조선일보》에는 '핑크가 남자를 완성한다'는 내용의 기사가 실렸다. 이렇게 시대에 따라 남녀를 대표하는 색깔이 달라지는 걸 보면 성별에 따라 좋아하는 색깔 취향이 정해져 있지 않음은 물론이거니와, 분홍이건 파랑이건 특정 색깔로 남녀를 구별하는 행위 자체가 편견에 따른 것임을 알 수 있다.

흔히들 분홍을 원색에 속하지 않은, 인위적인 색이라 한다. 분홍은 화학적이고 인공적인 냄새를 몹시 풍기는, 저속하고 불쾌한 색으로 여겨지기도 했다. 오랫동안 서양에서는 분홍을 빨강의 색조로 생각해왔다. 흐린 빨강, 부족한 빨강 등 좋지 않은 빨강으로 여겼다. 그래서 굳이 일부러 분홍을 만들려는 생각조차 하지 않았다. 중세 말엽에 이르면서 직물과 의복에서 분홍의 가치가 높아졌지만 분홍을 별개의 색으로 보지 않고 빨강과 하양을 섞은 색, 그 자체로 독립성을 가질 수 없는 색으로 여겼다. 이 색은 중세에는 아기 그리스도의 색이었다.[*]

그러나 분홍은 그 이름부터 가루 분粉, 붉을 홍紅이 합쳐져 일컬어진, 자연에서 유래된 색이다. 이런 사실을 단적으로 보여주는 예가 차이나 핑크China Pink, 우리말로 패랭이꽃이다. 분홍 삼각형은 2차 세계대전 당시 동성애자라는 이유로 수감되었던 죄수들의 옷에 부착되었고, 70년대 말부터는 동성애자들의 권리를 상징하는 색이 되었다. 물론 지금까지 언급한 분홍색의 지위에 대한 이야기들에서 오해를 불러일으키지 않기 위해 더 보태야 할 말들이 있다. 의존적인 것과 독자적인 것에 대한 차별적 생각에 근거하여 분홍의 지위를 의존적이고 변화 가능하고 관계적인 것으로 폄하했지만, 사실 모든 색은 독자적으로 이름이 주어져 있는 점을 제외하고는 주변 색에 영향을 받는다는 사실이다. 그러나 사실 여부에 상관없이 부정적인 의미를 부여하자면 못할 것도 없다.

예로부터 우리나라 사람들은 파랑과 빨강을 각각 남자 색과 여자 색으로 이해했다. 한국의 태극 문양이나 전

---

[*] 잉그리드 리델, 《색의 신비》, 학지사, 정여주 옮김, 2004, 39~41쪽 참조.

통 혼례에서 사용하는 청실홍실이 그 예이다. 분홍은 빨강보다 옅은 색으로 어린 여자에게 적합한 색으로 여겨졌다. 남자아이에게 파랑, 여자아이에게 분홍 옷을 입히는 관습은 대체로 이미 19세기 말부터 있었다는 것은 분명하며, 20세기 이후에는 그 습관이 점점 사라지기 시작했으나 앞에서 살펴보았듯이 지금도 분명한 관습으로 남아 있다. 물론 이 관습은 모든 나라와 문화에 동일하게 적용되는 것은 아니다. 파랑과 분홍을 남아와 여아의 색으로 구분하는 것은 미국과 북유럽, 서유럽 등지에서 뚜렷이 나타나지만 벨기에에서는 오히려 남자아이에게 분홍색 옷을 주로 입혔다. 오늘날 이 관습은 기독교 전통에서 유난히 강하게 남아 있다. 성모마리아를 상징하는 색은 파랑과 분홍이었는데, 그 가운데서 12세기 이후 파랑이 성모마리아의 색으로 여겨졌다.* 그러다 16세기 종교개혁이 일어난 뒤에는 이 두 색 모두 경건한 색으로 간주되었다.

로코코 시대는 분홍으로 대표되는 옅은 파스텔 톤의 화려한 장식으로 가득한 때였다. 사람들은 얼굴빛이 하얀 사람에게 분홍색이 유독 잘 어울린다고 여겼다. 얼굴빛이 파리하도록 하얀 사람은 노동을 하지 않는 사람들, 주로 귀족 계급이었다. 게다가 파스텔 톤은 쉽게 더러워지는 색

---

* 잉그리드 리델, 앞의 책, 142~143쪽 참조.

이다. 그러니 그런 색으로 자신을 치장한다는 것은 일하지 않아도 될 만큼 부유함을 과시하는 행위였다. 분홍을 트렌드로 이끈 이는 루이 15세의 애인 퐁파두르 후작 부인이다. 그래서일까. 이 색은 관음증과 유혹의 색으로 나타나기 시작했다. 분홍이 여성의 색으로 자리 잡기 시작한 것은 이와 무관하지 않을 것이며, 이러한 점은 1950~1960년대 광고업자들에 의해 강하게 어필되었다. 그리고 미국 영화 산업의 발달과 맞물려 오드리 헵번, 마릴린 먼로 등에 의해 극대화되었다. 분홍색은 현대 영화에서도 여전히 여성성의 상징으로 나타난다. 2001년에 시작되어 2020년에 3편까지 개봉한 〈금발이 너무해〉 시리즈를 보면, 주인공으로 등장하는 여성은 그저 아름답기만 한 것이 아니라 지성이 가득하기도 하다. 지적인 여성의 여성성을 강조하느라, 주인공이 지닌 소품들은 온통 분홍투성이다.

이처럼 성별에 따라 취향을 타고나는 것이 아님에도 우리는 이 사실을 자꾸만 망각한다. 언뜻 '자연적'으로 보이는 취향 뒤에 문화적인 이유가 숨어 있다는 사실을 잊어버린다. 분홍이 남자들의 색으로 불리던 때가 있다는 사실을 떠올리기만 해도 분홍이 여자의 색이라는 생각이 편견임은 분명해진다. 여자아이들이 분홍을 좋아하게 된 것은 다른 여자아이들이 분홍색 옷을 입는 것을 보았기 때문일 것이다. 또 일부 연구에서 확인된 것처럼 여성이 남성보다 빨강을 더 좋아한다는 사실은 여자아이의 자전거 색깔에 좀처럼 빨간색이 없는 이유를 설명하지 못한다. 마찬가지로 성인 여성의 자전거에 왜 분홍색이 드문지도 설명하지 못한다.[*]

아름다운 남자, 센 언니? 젠더 취향, 어떻게 만들어지나?

취향은 하나의 스타일이며, 정체성을 나타낸다. 여성과 남성으로서의 정체성은 어떻게 구분되는가? 아니 구분될 필요가 있기나 한 것일까? 취향은 일종의 스타일이다. 특히 의상은 정체성을 형성하는 중요한 수단으로 쓰이기도 한다.[**] 남성과 여성은 제각기 한 개인으로서 또 사회인으로서 선택할 자유와 권리를 동등하게 가지고 있어야 함에도, 젠더의 구별로 인해 요구되는 스타일이 있다. 그 스타일이 자신이 원하는 스타일인가 스스로에게 물어볼 생각조차 못하고 마치 당연한 것인 것처럼 받아들이기도 한다. 그것은 이미 규범화되어 있기 때문이다. 그러한 젠더 규범에서 벗어나 인간의 자유로운 고유성을 추구하는 것

---

[*] 톰 밴더빌트, 앞의 책, 21쪽 참고.
[**] 다이아나 크레인, 《패션의 문화와 사회사》, 서미석 옮김, 한길사, 2004, 275쪽 참고.

을 탈코르셋이라고 한다면, 그동안 남성에게 요구되어온 상남자로서의 이미지 또한 코르셋이 된다. 그러니 기존과 다른 방식으로 '아름다워지려는' 남자의 욕구와 표현 또한 탈코르셋의 한 양상이라 하겠다. 물론 코르셋이 억죄는 정도가 남성과 여성에게 동일하게 작용하지 않는다는 사실은 중요하다. 남자도 여자도 미에 대한 취향을 가지고 있다. 그러나 그 취향이 시대가 요구하는 규범적 틀 속에 갇힌다면 그것은 더 이상 자기표현으로서의 취향이 아니다. 조선시대에는 남자들도 귀걸이를 했고, 신라의 화랑은 아름답게 화장을 했다. 반면 고려시대의 여성은 말을 타고 칼을 들고 전장에 나서기도 했다. 칼과 귀걸이와 화장이 젠더 취향에 의해 묶일 이유가 없다. 그런데 어느 순간에 남성성과 여성성은 강인함과 부드러움이라는 이미지로 이분화되었을까.

어느 순간부터 남자들은 치장을 간소하게 하기 시작했다. 그리고 귀걸이도 하지 않기 시작했다. 치장하는 것이 남자답지 못하다는 생각을 하게 된 것 같다. 근대 남성들은 말 타고 벌판을 달리던 때가 그리워서인지, 상남자 스타일을 선호했다. 자본주의와 맞물려 경제적 가장의 권위를 내세우려 하다 보니 그렇게 되었을지도 모르겠다. 그렇다면 아름다운 남자, 센 언니는 자연스럽지 못한 것일까? 스니커즈를 신고 남성복 슈트를 입은 채 머리가 헝클어진 여성에 대해 사람들은 대부분 거부감을 보인다.* 물론 단정치 못한 모습은 상대에 대한 예의를 갖추지 않은 것이기에 성별과 상관없이 거부감을 자아낸다. 하지만 사람들은 여성이라면 본성적으로 정리 정돈을 잘할 것이라는 통념을 가지고 있다. 그러한 본성에 관한 편견들은 남자와 여자의 취향마저 결정해버린다. 한번 인터넷 서핑을 해보라. 남성 취향의 모든 것과 여성 취향의 모든 것을 비교해보면 대체로 공통점을 발견할 수 있다. 여성 취향은 가정의 영역에 속한 것들이 많으며, 남성 취향은 합리적이고 공적인 영역에 속한 것들이 많다.

최근 적잖은 남자들의 귀에서 귀걸이를 발견한다. 그러나 여전히 길게 늘어뜨린 귀걸이는 너무 여성스럽다는 생각에 잘하지 않는 경향이 있다. 남자들의 귀에서 흔들거리며 빛나는 귀걸이는 아직 낯설다. 며칠 전 회식에 갔다. 대학원생인 한 남성이 양쪽 귀에 길게 늘어뜨린 귀걸이를 하고 왔다. 그는 고개를 자주 흔들었고, 그에 따라 귀걸이가 살랑살랑 흔들리는 모습이 경쾌해 보였다. 여자의 귀에서 흔들리는 귀걸이는 지나치게 여성스러워 오히려 부담스러운 것과 상반된 느낌이었다. 이런 생각 또한 내게도 여전히 남아 있는 기존의 편견 탓이리라.

---

*   다이아나 크레인, 앞의 책, 361쪽 참조.

스타일을 단순히 소비하는 데 그치지 않고 창조해내려는 사람들이 있다. 이들 중에는 특히 '소수에 속하는 사람들'이 많다. 몇몇 여성들은 사회가 요구하는 젠더별 스타일을 거부할 뿐 아니라, 자신이 좋아하는 스타일이라 하더라도 그 스타일이 기존의 성별규범으로부터 비롯된 것이라는 사실을 인지하는 순간, 일단은 '거부'한다. 자신이 끌리는 스타일이 남성의 시선에 의해 만들어진 스타일인지 점검할 필요가 있기 때문이다. 이런 여성들은 긴 머리를 투블럭 스타일로 자르거나, 화장하지 않은 얼굴에 여성성이 드러난다고 인식되는 옷은 입지 않는다. 꾸밈이 노동이 아니라 즐거움이 되려면 차별적 규범을 인지하고 그것에서 자유로워져야 한다. '여자답다'라는 사회적 편견에 부합하지 않는 외모를 한 그녀들에게 우리가 불편한 시선을 보낸다면, 우리는 한 개인의 고유성을 인정하고 싶어하지 않는 사회 즉, 취향을 인정하지 않는 사회에 살고 있는 것이다. 만일에 여러분이 한 개인은 자기만의 고유한 속성을 가질 권리를 가진다고 생각한다면 치마를 입는 남자, 투블럭 스타일의 여자, 화장하는 남자, 화장하지 않는 여자들에게 이상하다는 시선을 보내서는 안 된다. 그들은 그저 자기들만의 스타일을 지켜내고 있을 뿐이기 때문이다.

성별 취향은 어떻게 만들어질까? 어떤 사람들은 색깔에 대한 취향의 경우, 성별에 따라 여성은 분홍, 남성은 파랑을 선호하도록 진화되었다고도 한다. 이것은 일종의 가설인데 수렵 채집 시대에 여성의 채집 활동이 여성으로 하여금 빨갛게 잘 익은 과일을 찾아내는 능력을 키웠다는 것이다. 그런데 아이러니하게도 붉은색은 남성성의 상징이었던 적도 있었다. 참고로 장군의 옷은 붉은색이었다. 그렇다면 이것은 도대체 어찌된 일인가?

시몬 드 보부아르는 '여자는 태어나는 것이 아니라 만들어진다'고 했다. 젠더의 사회적 구성에 대해 말하고 있는 것이다. 만일 여성이 채집 활동을 하지 않았다면 여성은 빨강을 좋아하지 않았을 것인가? 그런데 그 오랜 시절의 활동이 지금에까지 여성의 취향을 나타내는 데 결정적인 역할을 제공하다니, 조금 무리한 추정이 아닌가 싶다. 이제는 사회적 조건이 바뀌었고, 빨강은 남녀 구분 없이 누구나 선호할 수 있는 색이 된 것은 아닐까? 아니, 누구나 매력적인 것으로 받아들일 수 있는 색이 되었다고 하는 것이 낫겠다.

어쨌건 젠더 취향은 우리에게 규범으로 작동하고 있다. 미국 미시시피 주의 어느 공립학교 졸업반인 시에라 스터기스는 턱시도를 입고 졸업사진을 찍었다. 그런데 앨범에 자신의 사진이 빠졌다는 것을 뒤늦게 알게 되었다. 그 이유는 성별에 맞지 않게 옷을 입었기 때문이다. 한편 2008년 캘리포니아 주의 옥스나드에서 남녀 구별이 없는 옷차림에 화장을 하고 다니던 8학년생 로렌스 킹이 다른 학생이 쏜 총에 맞아 사망했다.[*] 자신의 스타일보다는 사회가 요구하는 스타일을 지니지 않으면 이러한 불행한 사건에 연루될 수도 있다.

우리의 일상에서는 어떤가. 오전 10시경이 되면 TV 광고는 여성 취향에 집중한다. 그때는 남편이 출근하고 아이가 학교에 간 후, 가정주부인 여성이 TV를 시청하는 시간이기 때문이다. 새삼스럽게 '그릇은 여성의 취향이다'라고 강조할 필요는 없다. 그저 음식을 담을 그릇들이 선보이고, 세대별 여성의 취향을 겨냥한 마케팅이 집중된다. '유럽풍인가 아니면 모던 스타일인가' 따위가 중요할 뿐이다. 왜냐하면 그릇이 여성의 관심사라는 건 너무도 당연한 사실로 여겨지기 때문이다. 남성이 그릇에 관심을 가지는 경우는 아내나 어머니에게 선물할 때뿐이다. 그릇을 고를 때 남자에게 취향을 묻지는 않는다. 만일 남자에게 그릇 취향이 있다면, 독특한 사건으로 취급된다. 사람들은 그런 남자를 향해 '혹시 저 남자는 요리사인가?' 하고 생각하거나 '너무 여성스러운 취향이군. 하긴 세상이 바뀌었으니' 하면서 다소 자조적인 투로 혼잣말을 중얼거릴지도 모른다.

---

[*] 켄트 그린필드, 《마음대로 고르세요》, 정지호 옮김, 푸른숲, 2012, 112-113쪽 참조.

성 역할은 남녀평등의 문제로 어느 정도 진전을 보았음에도 여전히 흔들리지 않은 무언가가 있다. 특히 남녀의 취향 구별은 성별에 대한 사회적 규범에 큰 영향을 받는다. 여성적 취향이나 남성적 취향이라고 일컬어지는 것이 바로 그러한 규범에 영향받은 탓이다. 지금은 결혼이 더 이상 생의 필수 과정이 아니지만, 얼마전까지만 하더라도 결혼적령기라는 말이 영향력이 있었고, 아직까지 비혼이라는 개념보다 미혼이라는 개념이 일상어로 쓰이고 있다. 결혼은 남녀 모두에게 일정 부분 책임과 의무를 만들지만, 특히 여성에게 불리한 사건이다. 결혼한 여성에게 정시에 퇴근하여 아이를 돌보거나 집안일을 할 수 있는 직업이 권장되면서도 동시에 정시에 퇴근하는 여성에게 못마땅한 시선을 보내는 이면에는 여성은 '역시' 공적인 역할을 수행하기에 적절하지 않다는 사회적 규범에 입각한 비아냥이 있다. 이러한 사회적 편견 아래 여성은 가정과 가사에 관한 취향을 발견하기가 더 쉽다. 부엌은 여전히 여성의 공간으로 간주되고 있으므로, 부엌의 조리대, 싱크대 색상, 각종 조리 도구, 그릇과 컵 등에서 여성은 자연스럽게 자신의 취향을 발견한다. 한편 사회적 규범으로 인해 부엌으로부터 자연스럽게 멀어지는 남성은 그에 관한 취향이 생겨나지 않는다.

　　남녀 간 취향을 결정하는 성 규범은 법의 산물이기도

하다. 법은 우리 뒤에 숨어서 기존의 관념을 강화하거나 반영해왔다.[*] 남성이 육아에 관여하지 않으며, 남성의 취향은 가정적인 취미보다는 외향적인 종류의 취미 속에서 발견된다고 말한다. 아이들의 교육에 있어 사람들 사이에서 회자되는 말이 있다. '아버지의 무관심과 어머니의 정보력, 그리고 할아버지의 경제력'이라는 것이다. 어머니들의 독서 취향은 아이들의 육아나 교육과 같은 생활 정보에 관련된 것이어야 하며, 아버지들의 독서 취향은 자기계발서나 경제 관련서다. 그것이 훨씬 더 자연스럽기 때문이다.

이처럼 문화 규범은 우리의 선택을 강제하거나 구속한다. 문제는 사실에 대한 인식이 어렵다는 것에 있다. 그래서일까. 사람들은 성별 취향의 문제가 선택의 문제가 아니라 본성의 문제라고 말한다. 본질적인 것으로 치부하고는 생각하고 싶지 않은 것이다. '너의 취향에 문제가 있어!'라고 말하면 되니까. 그러니 남녀 간의 취향은 굉장한 강제적 요소를 가질 수밖에 없다. 특히 그것이 규범의 문제일 경우에 그렇다. 고유한 자기만의 취향과 스타일을 가지기 위해서는 먼저 내게로 향한 강제적이고 억압적인 규범이 무엇인지 찾아야 하며, 그것에 대해 자기 자신은 어떤 태도를 취할 것인지 생각해야 한다. 그래야만 취향을

---

[*]   켄트 그린필드, 앞의 책, 116쪽 참조.

가질 수 있고, 더불어 자기 자신으로 살 수 있다.

좀 더 사소한 일상을 예로 들어보자. 취향을 찾으려면 어떻게 해야 할까? 옷의 경우에는 다양한 스타일의 옷을 사서 입어보고 기분이 좋은 것, 어울리는 것을 확인해보면 된다. 그러나 내가 좋아하는 옷을 입고 나갔는데 누군가가 "좀 야해 보여", "천박해 보여" 같은 말을 한다면 다음부터는 그 옷을 입을 엄두를 내지 못할 수도 있다. '분명 내 취향이었는데……. 결국 다른 이의 시선에 굴복하고 마는가' 하면서 반성도 해보고, 한편으로는 '그런데 뭐, 어쩌라고' 따지고 싶은 생각도 든다.

그러나 아쉽게도 내 취향이 타인의 판단 놀이에 가십거리가 되기를 반복한다면, 내가 좋아하는 것을 선택할 수 없게 된다. 타인의 취향에 내 취향을 맞추다 보면 좋아하는 것에 점점 자신이 없어진다. 헤어스타일도 마찬가지다. 어느 여름날 시원하게 삭발을 해보고 싶다는 생각이 들었다. 여행지에 도착해 입국 심사를 기다리는데, 내 앞에 서 있던 어떤 여성이 시원하게 민 머리를 내놓고 있었다. '참 좋다' 싶었는데 함께 여행하던 사람이 흉을 본다. '여자 머리가 저게 뭐야?' 좋다고 생각했던 것을 억지로 다시 밀어넣어 버렸다. 여성 정장도 한번 살펴보자. 심지어 여성 군인의 정장에도 치마가 있다. 여성 취향의 옷들 즉, 페미닌한 옷들을 검색해보자. 죄다 하늘하늘거리는 치마다. 그것이 여성의 취향이라고 규정되어왔고, 여성들은 오랫동안 그렇게 교육받았다. 남성들이 하늘하늘거리는 치마를 입는다면 이상할까? 이상할 것이다. 왜? 단지 낯설기 때문이다.

⑨

사랑도 취향대로

사랑에 빠지는 일에 대해서

사랑을 선택할 수 있을까? 그럴 수만 있다면 오죽 좋으랴. 그러나 선택한 사랑이라면, 사람들은 거기에서 속물적인 냄새를 맡으려 하기 마련이다. 조건을 보고 선택한 건 아닐까? 여기서 조건이란 물적 조건을 말하는 것일 테다. 세월을 지나온 어른들은 말한다. "사랑만으로 사는 게 아니야." 우리는 현명해질 것인가, 사랑 때문에 바보가 될 것인가. 문제는 이런 생각을 할 겨를도 없이 사랑을 하고 있다는 점이다. 혹 우리는 사랑 이데올로기에 빠진 것은 아닐까? 반드시 사랑이란 운명적이어야 하는 것일까?

사랑이 어떻게 변하냐고 말한다. 사랑은 변할 수 있다. 변하지 않는 것이 있다면 우리 머릿속에 굳게 박힌 관념뿐이다. 그 관념은 변하지 않는 것이 아니라, 우리가 안 바꾸는 것이다. 바뀌면 세상이 달라지니까. 바뀐 세상을 상상하기 싫으니까. 그래서 세상을 바꾸고자 하는 사람들은 제일 먼저 생각 즉, 관념을 바꾼다. 관념이 바뀌면 개념이 바뀌고, 개념이 바뀌면 세상도 바뀐다. 사랑이 영원하다고 믿는 사람들은 그렇게 믿는 게 자신에게 좋을 수 있다. 하지만 아니라고 생각한다면 그 영원과 운명의 사슬에서 자유로울 수 있다. 어쩌면 운명은 미리 결정되는 것이 아니라 마지막에 발견하게 되는 것일지도 모르겠다. 운명은 내가 살아온 삶에 지어진 이름이다.

다시 취향의 문제로 돌아가자. 나는 무엇을 일관되게 사랑하고 미워하는가? 사랑은 좋아함과 어떻게 다른가? 좋아함보다 더 농도가 짙은 건가? 사랑이 불현듯 내게로 오듯이 취향도 끌림이 반복되어 그것이 지속될 때 생겨난다. 사랑도 취향도 운명이라면 운명이고 우연이라면 우연일 수 있다. '그저 알 수 없는 끌림이다', '호르몬 때문이다'라고 말하는 사람들도 있지만 어쨌든 분명 어떤 영향 아래 있기 마련이고, 그 영향들 가운데 내가 원하는 것으로 향한다. 그리하여 우리는 우연이 운명을 만들어낸다고 말한다. 즉, 나의 자유 의지가 반영된 것이다. 외모에 집중하는가? 나이에 집중하는가? 그 사람의 사회적·문화적 조건에 집중하는가? 문화는 당연히 바뀐다. 사랑도 그러할까? 모든 결합, 끌림, 애착에 관한 것들에 사랑은 있다. 그러나 운명을 바라는 이들이 꿈꾸는 사랑은 좀 특별한 법이다. '사랑도 내 취향대로!'라고 말하면 어쩐지 그 사랑이 마냥 가벼워보이기만 한다.

사랑은 가벼우면 안 되는 것일까. 좋아하는 것과 싫어하는 것에 솔직하면 어떨까. 해서는 안 되는 일은 단 한 가지다. 타인에게 내 행위가 직접적인 원인이 되어 해를 끼치는 것. 그것만 아니라면 우리는 다들 조금씩 각자에게, 상대에게 관대해질 필요가 있다. 나로 살아가는 일, 취향을 드러내는 일, 표현의 자유를 가지는 일은 타인과 더

불어 서로의 공감을 이해로 전환했을 때 가능한 일이다. 이미 여러 차례 말했지만, 우리는 환경에 영향을 받을 수밖에 없다. 하지만 그 영향이 내 선택의 결정적인 원인은 아니다. 그것은 그저 선택을 위한 조건일 뿐이다. 내게 주어진 조건 속에서 내가 지속적으로 일관성 있게 좋아하는 것을 선택하게 되는데, 그것을 취향이라고 한다. 일관성을 가진다는 것은 습관 혹은 버릇이 생겼다는 것이고 그것을 좋아하는 경향이 생겼다는 것이다.

취향에 가치를 부여하고자 한다면, 그 또한 나의 몫이다. 자신에게 물어보자. '내가 그것을 선택할 만한 가치가 있는 것일까? 가치가 있다면 왜 그러한가? 취향은 반드시 도덕적 가치를 가져야 하는가?' 도덕적 가치란 한 사회가 유지되기 위해 부여된 것이다. 만일 나쁜 취향이 있다면 바로 그런 이유에서 평가될 것이다. 선택을 할 때마다 어려워하는 사람이 있다. 그것은 나에게 충실하기보다 다른 사람의 시선에 더 마음을 두기 때문이다. 사람마다 좋아하는 게 다르니, 당연히 사람들을 만날 때마다 혼란스러울 수밖에. 취향이 없는 게 아니라, 스스로 선택을 해본 적이 없어서 모르는 거다. 아쉽게도 일상에서 나는 내가 좋아하는 것을 맘껏 선택하기 힘들다. 많은 것들이 규범에 묶여 있어서다. 나를 묶으려 하는 그 규범들은 정당한 것인가?

내 나이가 어때서

《프랑스 여자는 80세에도 사랑을 한다》라는 책이 있다. 제목이 어색하게 느껴지는가? 만일 그렇다면 사랑을 할 수 있는 나이가 정해져 있다는 고정관념을 가지고 있는 것이다. 그런데 이런 제목의 책이 나왔다는 것은 많은 사람들이 스스로 편견의 덫에 갇혀 있다는 사실을 그동안 몰랐고, 그 사실에 대해 이제야 자각하기 시작했다는 말과 같다. 나이 80이 되어도 사랑에 대한 열정으로 들뜨고 연인을 위해 아름답게 치장하는 모습이 왜 낯설기만 한 것일까? 드문 사랑이어서 그런 것일까? 젊은이들은 홀로 된 노인들이 그들의 놀이터에서 새로운 인연을 만드는 모습을 보고 왜 혀를 끌끌 차는 것일까?

사랑은 청춘들만의 특권인가? 사랑하기에 딱 좋은 나이는 언제인가? 20대인가? 10대는 안 되는 것일까? 아직 학생이어서 공부해야 하기 때문인가? 그러면 20~30대에도 공부하는 학생들은 어쩌나. 10대였던 이몽룡과 성춘향은 학교에 다니는 학생이 아니라서 사랑을 했던가? 사랑은 운명처럼 다가온다는 말은 다 거짓이다. 사랑에는 늘 조건이 있는데 어떻게 사랑이 운명처럼, 이미 결정되어 있는 것처럼, 거부할 수 없는 것처럼 올 수 있단 말인가?

중년의 사랑이라 하면 왜 대개 불륜을 상상하는 걸까. 중년은 왜 모두 기혼자여야 하며, 그들의 사랑에 부

부 간의 사랑을 떠올리지는 않는 것일까? 노년의 사랑은
왜 계약 관계를 먼저 생각하는 것일까? 노년에 새롭게 찾
는 사랑은 돈과 간병을 전제로만 이어지는 것일까? 그들
의 순전한 끌림은 왜 인정받지 못하는 것일까? 그들의 끌
림, 선택은 부정되거나 서로의 이해타산에 따른 계산 방식
으로만 보아지고 있다. 100세 시대에 길어진 삶만큼 생의
주인공으로 살고자 하는 욕망은 사랑을 중요한 화두로 제
기한다. 영화 〈죽어도 좋아〉, 〈그대를 사랑합니다〉에서 다룬
노년의 사랑 이야기, 그리고 다큐멘터리 〈님아, 그 강을 건
너지 마오〉에 나온 노부부의 사랑 이야기는 노년의 사랑이
젊은이들과 하등 다를 바 없다는 것을 보여준다. 그러나
여전히 그들에게 폴리아모리Polyamory* 같은 다양한 관계
의 방식이나 허락된 우연한 끌림은 끼어들 틈이 없다. 결
국 끌림이라는 사랑에 관한 취향조차 규범 속에 매여 있음

---

*   그리스어 폴리poly(많은)와 라틴어 아모르amor(사랑)의 변형
     태. 독점적 사랑(모노가미, momogamy)이 아닌 다자간사랑을
     의미한다. 다자연애라고도 불린다. 연인 혹은 부부가 합의하에
     다른 사람을 동시에 사랑한다는 의미에서 '바람을 피운다'거
     나 '불륜'과는 구분되고, 성관계만을 목적으로 하지 않기에 '스
     와핑'과도 다르다. 아직까지 이러한 사랑은 보편적으로 받아들
     여지지 않지만, 독점적 사랑을 바탕으로 이루는 가정이 '일부
     일처제'와 '가부장제' 아래 폭력성을 안고 있다고 보는 비판이
     계속해서 제기되고 있어 다양한 형태의 사랑의 가능성에 대한
     긍정적인 시선은 점차 늘어나고 있다.

을 발견한다.

노년은 죽음을 준비하는 때가 아니다. 그러니 그것을 말년이라고 이름 짓지 말자. 태어나는 순간 우리는 누구나 죽음을 등에 업고 있다. 인간의 생은 어떤 것도 결정지어져 있지 않다. 인간은 조건을 바꿀 힘을 가지고 있지 않은가. 그렇다면 왜 나는 취향의 선택에서도 좋아하는 것을 표현하는 것에서도, 심지어 사랑에서도 '~해야 하는 것'만을 해야 하는 것일까. 자유와 선택이 지나치게 무겁다.

성적 지향 혹은 성적 취향의 문제

바람과 사랑에 빠졌다고 말하니, 어떤 이는 낭만적이라고 말했고, 어떤 이는 실없는 농이라 놀렸다. 그런데 어느 남자가 남자를 사랑하게 되었다고 말하니, 농담하지 말라는 대답이 돌아온다. 그리고 그 사람은 이렇게 되묻는다. "너 좀 이상한 취향을 가진 거니?"

아마도 내가 시인이었다면, 그들은 나의 사랑을 이해했을까? 어느 소식지에 따르면 타국의 어떤 여인이 기차역에 있는 기둥과 사랑에 빠졌다고 한다. 그 사랑은 시인의 사랑과 다른 것일까? '그건 단지 사랑이야'라고 말하는 특별한 사랑을 하는 사람들에게 세상 사람들은 한심하다는 표정을 짓는다. 그들에게 사랑의 대상을 바꾸는 일은 가능할까? '취향을 바꿔보는 건 어때?'라는 말과 그것은 같은 맥락에서 이해될 것이다.

한 개인의 반복된 선택이 동일한 패턴을 만들어내어 한 개인의 정체성을 형성한다. 사랑은 너무도 갑작스러워서 왜 그를 사랑하는지 알 수는 없지만, 누군가를 사랑할 때 같은 패턴이 있다. 사랑에도 취향이 생기는 것이다. 한 남자가 길을 걸어간다. 그 남자의 시선은 버스를 기다리며 서 있는 한 사람에게로 향한다. 강렬한 끌림에 어쩔 수 없이 다가가 말을 건다. "차 한잔하시겠어요?" 그 남자의 말에 고개를 든 이는 건장한 체격을 가진 남자이다. 그는 왜 항상 동성에게 끌리는 것일까? 우리는 이런 남자를 동성애자라고 한다. 그러나 동성이 아닌 이성에게로만 마음이 가는 사람이 있다. 이렇게 이성을 사랑하는 사람을 우리는 이성애자라 한다. 때로는 동성에게로, 때로는 이성에게로 향하는 사람을 양성애자라고 말한다. 물론 성적인 끌림이 없는 무성애자도 있으며, 모든 성에 끌리는 범성애자도 있다. 이처럼 성적 지향은 매우 다양한 범주를 가진다. 우리는 성적 지향을 취향이라고 해도 되는 것일까?

사실 그것이 본질적이고 선천적인 것이어서 우연한 선택으로 생겨난 취향이라고 말할 수 없다고 하는 것은 누군가 이성애가 아닌 다른 사랑은 비정상적인 것이니 그 취향을 바꾸도록 하라는 말에 대한 강한 부정에서 나온 말일 수 있다. 어쩌면 이것은 간곡한 항변일 수 있다. 성적 지향이 본질적인 것이건 선택 가능한 취향이건 중요한 것은 한 인간의 자기결정권이다. 남녀의 성이 본질적이지 않다고 한다면, 성적 지향 또한 선천적인 것이 아니다. 모든 성은 사회적으로 결정된다. 사랑하고 보니 그가 남성이라는 것이고, 사랑하고 보니 그가 여성이라는 것이다. 누군가에게 끌리는데, 그 끌리게 된 성이 무엇인지 굳이 구분해서 이름 붙일 이유가 있는가. 만일 굳이 하자면 '성애자'와 '무성애자' 혹은 '비성애자'라고 하는 것이 좋겠다.

성적 지향은 성적 끌림이다. 선택의 문제이건 선택의 자유가 아닌 운명이건 그것이 중요한 것은 아닐 테다. 누군가는 그것을 취향이라고 할 것이고, 누군가는 그것을 운명이라고 할 것이다. 그러나 그것이 취향이건 운명이건 뭐가 중요한가. 내 선택이 곧 운명이다. 취향은 곧 자기 정체성이라는 말과 같다. 그래서 성적 지향Sexual Orientation과 성적 취향은 엄밀하게 구분되기도 하겠지만 종종 동일한 의미로 사용되기도 한다.

성적 취향은 섹슈얼리티에 대한 것이다. 사랑의 관계에서 특히 좋아하는 행동 같은 것들이다. "당신의 이상형은 뭔가요?" 하고 묻는 것도 성적 취향을 묻는 말이다. 이런 질문에 대개는 "나는 눈이 큰 사람이 좋아요"나 "다정다감한 사람이 좋아요" 하는 식의 대답을 기대한다. 좋아하는 사람의 특징에 대한 것이다. 그런가 하면, 성적 지향은 대상의 성별에 관련된 개념이다. 고정되어 변하지 않는 본질적인 것이다. 그러나 취향은 대상의 어떤 속성에 기댄다. 그 속성은 변할 수 있다. 그러나 미국의 심리학회The American Psychological Association, 정신의학회The American Psychiatric Association, 그리고 사회사업가협회 The National Association of Social Workers는 성적 지향을 다른 사람과의 관계를 이르는 말로서 그것을 한 개인의 본질적인 특징으로 보아서는 안 된다고 말하고 있다. 즉, 성적 지향은 친밀감, 애착, 혹은 사랑을 지속시키고자 하는 관계의 다른 말인 셈이다.

어떤 특별한 것에 애착을 느끼는 것에 대해서 우리는 이상성애자라고 하며, 그것에 과도한 집착을 하는 경우에 성도착증이라고 한다. 성도착증에 대해 우리는 정상이 아닌 것으로 이해하지만, 이것을 장애나 이상이라고 하는 것은 우리 사회의 도덕주의 때문이다. 만일 성도착증을 장애나 이상적 증상으로 여기려면 다른 사람이 그것으로 인해서 불편을 호소하거나 해를 입거나 위험에 빠져야 한다. 다양한 성적 취향의 커플들, 그들의 사랑이 어떤 대상으로 향하건 그것은 그들의 자기결정권에 속한 문제이다.

나가는 말

미처 하지 못한 이야기가 있을까 싶어 한참을 생각했는데, 하고 싶은 얘기를 다하지는 못했던 것 같다. 아마 앞으로도 다하지는 못할 것이다. 취향의 문제는 '나는 누구인가'라는 문제와 맞물려 있기 때문이다. 나는 온전히 나에 대해서 알 수 있을까? 데카르트는 '사유하는 나'에 대해서 말해왔다. '생각하는 나', '생각하는 한에서 또는 생각되어지는 한에서의 나'를 안다는 것은 가능할지 모르겠다. 생각되지 않은 혹은 의식되지 않은 나는 내가 아니므로. 그런데 그런 내가 한 행위 즉, 의식 없이 한 행위는 나의 행위가 아니므로 내 책임이 아니라는 말도 된다. 생각 없는 사람은 인간이 아니라고 말해오지 않았나.

자유를 부르짖던 때 자유가 없었고, 정의에 관한 물음이 온 사회를 지배할 때 부정의가 사회에 만연하였다. 곳곳에서 취향을 찾는 지금, 우리는 취향을 가지지 못한 것은 아닐까? 우리가 간절히 찾았던 자유는 없었고, 정의로운 사회는 희망으로만 남았다. 왜일까? 그건 존재하지 않은 자유에 대해 말했고, 알지 못하는 정의를 말했기 때문이다. 그렇다면 지금 우리는 왜 취향을 말하는 것일까?

취향을 가질 만한 여유가 없는 것일까? 3포세대를 넘어 7포세대*라 한다. 그런데 그 일곱 가지만 포기하랴. 인류는 모든 것을 포기해야 할지 모른다. 오죽하면 '인류세'라는 말이 나왔을까. 경제가 무너지고 지구가 죽어가고 있는 지금, 나를 죽여 지구와 경제를 살려야 하나? 아이러니다. 내일의 희망마저 사라지고 있는 이때에 개인의 행복을 말해야 하지 않을까. 우리는 살아야 한다. 지구를 살리고 경제를 살리는 일이 우리에게 심각하고 다급한 이유는 바로 나 자신의 존재 이유와 맥을 같이하고 있기 때문이다. 내일 죽을지 모르지만, 오늘의 나는 살아 있고, 오늘을 살아야 내일의 내가 살 수 있다는 건 분명하다. 그런데 이 와중에 취향이라니.

취향의 문제는 몸의 문제이기도 하다. 취향은 몸의 버릇이다. 몸은 주디스 버틀러가 말했듯 늘 취약하며 의존할 수밖에 없고, 메를로퐁티가 말했듯 타인과의 관계에서 비로소 드러난다. 그래서 나는 타인과의 관계, 내가 살아가는 문화에 대한 이해 없이 나를 이해할 수 없다. 취향의 문제는 '나는 누구인가'의 문제라 하지 않았던가. 어제와 오

---

*   연애, 결혼, 출산, 내 집 마련, 인간관계, 꿈, 희망을 포기한 세대를 지칭한다.

늘의 나를 가능하게 해주는 것, 그것은 나의 몸이 세계와 어떤 방식으로 관계 맺고 있는가의 문제이며, 그것이 바로 취향이다. 몸의 행위는 반성적 행위가 아니라 무의식적 혹은 전 반성적 행위이다. 살아 있는 모든 존재는 생의 보존 욕구를 가지고 있다. 그러니 모든 몸을 가진 존재들의 문제이다. 오늘의 내가 살기 위해서는 오늘을 함께 살아가는 이의 생도 모두 중요하다. 우리는 나와 관계 맺고 있는 모든 존재들의 생에 관심을 가지지 않을 수 없다. 취향의 문제는 이렇게 살고자 하는 몸의 강렬한 존재 욕구에 관한 문제이다. 함께 살아가는 관계적 존재인 나의 문제이다. 내가 무엇을 좋아하는지, 나는 어떤 분위기를 풍기고 있는지 잘 알지도 못하면서 취향이 무엇인지에 대해서 말하려는 게 바로 이 때문이다.

우리는 소심하게 조심스럽게 자신을 드러내며 저마다의 삶을 살아간다. 그 아슬아슬한 삶 속에서 종종 박자가 엇나가듯, 조화롭지 못한 툭툭 튀는 취향을 가진 사람들을 보면 취향은 당연히 존중되어야지 하면서도 순간 불편한 감정을 피할 수 없다. 그러나 우리는 그 독특함이 우리 삶의 생기이며, 존재하는 모든 것들은 저마다의 아름다움을 지니고 있으므로 소중하다는 사실을 잊지 말아야 한다. 하지만 저마다의 취향을 어떻게 지켜나갈 수 있을까? 나의 취향이 타인을 힘들게 하지 않길 바라지만, 그것은 쉽지 않은 일이다. 취향을 존중한다면, 우리는 타인의 취향을 비난하지는 말아야 할 것이다. 나의 취향과 타인의 취향이 같아야 할 이유도 없고, 타인의 취향으로 내가 괴로워야 할 이유는 더더욱 없다. 나를 지키고 타인에게 해를 끼치지 않는 방법은 없는 것일까? 이 책에서 다루고자 하는 물음은 바로 이것이었다.

인명 설명

피에르 부르디외Pierre Bourdieu (1930~2002)

프랑스의 사회학자, 파리 사회과학고등연구원EHESS의
프랑스 최고 학술기관인 콜레주 드 프랑스의 사회학 교수.
1930년 프랑스 남부 피레네 지방의 베아른에서 태어난
부르디외는 파리의 루이 르 그랑 고등학교를 거쳐 파리
고등사범학교Ecole normale superieure를 졸업한 뒤 25세에
교수 자격 시험에 합격하였다. 그 후 지방고등학교 교사를 거쳐
알제리대학 조교수로 근무하면서 1958년 첫 저서 《알제리
사회학》을 발표하고, 1964년에는 고등연구원L'ecole pratique
des hautes etudes의 연구책임자로 근무한다. 1968년에는
유럽사회학센터Le de sociologie europeenne를 설립하고
《사회학 연구》를 발행하였으며, '부르디외학파'를 형성하여
사회학을 '구조와 기능의 차원에서 기술하는 학문'으로
파악하는 한편, 후기 구조주의 입장에서 구조와 행위의
관계를 설명하는 입장을 취한다. 1970년에는 학교의 독립성과
중립성이 환상에 불과하다는 내용을 다루면서 구조와 행위의
통합을 꾀한 《재생산》을 출간한다. 1979년에는 《구별짓기La
distinction》를 발표하면서 프랑스학계를 대표하는 최고의
지성인으로 인정받게 된다. 1981년 41세때 콜레주 드 프랑스
교수로 취임한 후, 행동하는 지식인으로 평가받았다.

임마누엘 칸트Immanuel Kant(1724~1804)

1724년 쾨니히스베르크Königsberg에서 태어난 칸트는
콜레기움 프리데리치아눔에 입학하여 라틴어 등 교양 교육을
받았다. 1740년 16살 때 쾨니히스베르크 대학에 입학해
6년간 공부했다. 칸트는 1747년부터 1754년까지 생계를
위해 가정 교사로 일했다. 1755년 31살 때《보편적 자연사와
전체이론》을 발표하고 학위 논문「불에 관한 몇 가지 고찰에
관한 간략한 서술」과 교수 자격 논문인「형이상학적 인식의 제
1원리에 관한 새로운 해명」을 썼다. 그는 1756년, 1758년에
교수직에 지원했지만 떨어지고 말았다. 1764년 프로이센
교육 당국이 칸트에게 문학부 교수직을 제의했지만 거절했다.
그의 관심사는 문학이 아니라 철학이었기 때문이다. 그는
1770년, 쾨니히스베르크대학 논리학, 형이상학 강좌 담당 정식
교수로 임용됐다. 대표적인 저서로《순수이성비판》(1781),
《실천이성비판》(1788),《판단력비판》(1790)이 있다.

데이비드 흄David Hume(1711~1776)

영국의 경험론자에 속한 흄은 12살에 에든버러 대학에서
3년의 과정을 마치고 고향인 나인웰즈로 돌아온 후, 아버지의
직업을 이어서 법률가가 되어야 한다고 생각했으나 18세가
되던 1729년에 철학에 전념하기로 결심한다. 1934년에 흄은
스코틀랜드를 떠나 영국 브리스톨로 가서 사무직으로 일하다가
프랑스로 건너가 그의 최초의 철학 저서 《인성론A Treatise of
Human Nature》을 저술하기 시작하였다. 그 후 1751년에는
《도덕원리에 관한 연구Enquiry concerning the Principles of
Morals》 1752년에는 1752년에는 《정치론Political Discourese》을
출판하였다. 1963년 프랑스의 계몽철학자들과 교우하였으며,
1766년 영국으로 돌아와 런던에서 국무성차관으로 근무하다
1769년 고향인 에든버러에 정착하여 살다가 그곳에서 삶을
마쳤다.

요한 프리드리히 헤르바르트Johann Friedrich
Herbart(1776~1841)

독일의 철학자·심리학자·교육학자이다. 1809년부터
1833년까지 쾨니히스베르크 대학교에서 임마누엘 칸트의
후임으로 재직하였으며 4단계의 교수법을 제시한 것으로
유명하다. 1794년 부모의 희망으로 예나 대학에서 법학을
공부하였으나 철학에 관심을 가졌다. 당시 예나 대학에 있던
피히테의 영향을 받았지만, 곧 거리를 두게 된다. 1797년
가정교사로 일하며 스위스에서 민중 교육의 실천으로 명성을
얻고 있던 페스탈로치를 만나 그에게 감명을 받는다. 1802년
괴팅겐에서 박사학위와 교수자격을 취득하고 1805년 교수로
임용된다. 1808년에는 칸트의 후임으로 쾨니히스베르크 대학의
정교수로 취임하여 철학을 가르쳤으며 1810년에는 부속학교를
설립하고 운영하였다. 그는 《일반교육학》을 발표하면서 최초로
교육학을 근대적 의미의 학문으로 정립한 사람으로 인정받고
있다. 그는 훈육을 학생의 마음에 도덕적 신조를 형성시키는
교육 행위로 간주한다. 또한 그는 미적감각을 중요하게
여겼는데, 미적감각(=취미)은 도덕의식의 발달을 위해 매우
중요하다. 도덕적 판단은 논리적 판단이라기보다 미적·정서적
판단일 때 실천에 직결된다고 보았다.

샤프츠베리Shaftesbury (1671~1713)

영국의 모랄리스트로, 로크에게 영향을 받았으며
이신론자理神論者이기도 하다. 그는 선과 미의 조화의
이상이라는 그리스적 사고를 계승하고 있다. 샤프츠베리는
인간에게는 천성적으로 미적, 예술적 감각과 마찬가지로
옳고 그름에 관한 감각이 있다고 주장한다. 인간에게는
본래 도덕감각이 있고, 이 도덕감각Moral sense은 선과
미의 조화라는 것이다. 선은 자애의 성향과 사회적 성향의
일치라고 본다.

프리드리히 실러Johann Christoph Friedrich von
Schiller(1759~1805)

독일의 고전주의 극작가이자 시인, 철학자, 역사가, 문학
이론가로 알려져 있다. 그의 작품들은 인간의 자유와 존엄성을
바탕으로 하고 있다. 신학을 전공해 목사가 되고자 했던 그는
영주인 카를 오이겐 공작의 명령으로 사관학교에 입학하였다.
학생시절에 자유에 대한 동경이 싹터 저작에 몰두하였다. 특히
철학 교수 아벨의 권유로 읽은 셰익스피어의 희곡은 그에게
커다란 충격과 영향을 주었다. 그는 자비로 첫 작품《군도》를
출간하였고, 이 작품이 만하임에서 성공적으로 초연되면서
작가의 길을 걷기 시작했다. 실러는《발렌슈타인》3부작(1799),
《마리아슈투아르트》(1800),《오를레앙의 처녀》(1801)등으로
괴테와 견주는 대작가가 되었다. 그의 희곡의 대부분은 그리스
고전극의 정신을 재생하고 있다.

모리스 메를로퐁티Maurice Merleau-Ponty (1908~1961)

현상학자 메를로퐁티는 파리에서 중등 교육을 마치고 파리
고등사범학교를 졸업하고 1930년 철학 교수 자격 시험에
합격한다. 이후 교사로 재직하다가 소르본 대학에서 《행동의
구조》(1942)와 《지각의 현상학》(1945)으로 박사학위를
받는다. 그 후 리옹대학교에 교수로 임용되어 철학과
심리학을 가르치고 1952년 콜레주 드 프랑스 철학 교수가
된다. 메를로퐁티는 1945년 10월 사르트르와 함께 〈현재〉를
창간하였고, 1952년 12월 사르트르와 결별할 때까지 운영
위원이자 정치면의 논설 기자로 활동하였다. 정치에도
참여하였고, 제2차 세계대전의 레지스탕스이기도 했다.
메를로퐁티는 1961년 데카르트의 《굴절광학》을 펴든 채
심장마비로 사망했고, 《보이는 것과 보이지 않는 것》을
미완성으로 남겨두었다. 그는 지각의 문제를 새롭게 제기하고
편견에 의해 은폐되었던 몸을 회복하고자 하였으며, 근대적
문제의 근원적 해결을 '살' 개념을 통해 찾고자 했다.

지그문트 바우만Zygmunt Bauman(1925~2017)

바우만은 폴란드 출신의 사회학자이다. 폴란드공산당이 조직한
반유대주의 축출 운동으로 1971년 망명한 후 영국의 리즈 대학
사회학과 교수로 부임하면서 정착했다. 1989년에 《현대성과
홀로코스트Modernity and the holocaust》를 펴낸 후 세계적인
명성을 얻었다. 1990년대 탈근대 문제를 다루며 명성을 쌓았고,
2000년대 《리퀴드 러브Liquid Love》 시리즈로 대중적인 인기를
얻었다. 1992년 사회학 및 사회과학 부문 유럽 아말피상을
받았고, 1998년에는 아도르노상을 수상했다.

참고문헌

메를로퐁티, 《지각의 현상학》, 류의근 옮김,
문학과지성사, 2002.

김진송, 《서울에 딴스홀을 허하라》, 현실문화연구, 1999

톰 밴더빌트, 《취향의 탄생》, 박준형 옮김, 토네이도, 2020.

잉그리드 리델, 《색의 신비》, 정여주 옮김, 학지사, 2004.

다이아나 크레인, 《패션의 문화와 사회사》, 서미석 옮김,
한길사, 2004.

켄트 그린필드, 《마음대로 고르세요》, 정지호 옮김,
푸른숲, 2012.

주디스 리치 해리스, 《개성의 탄생-나는 왜 다른 사람과 다른
유일한 나인가》, 곽미경 옮김, 동녘사이언스, 2007.

지그문트 바우만, 《리퀴드 러브》, 권태우·조형준 옮김,
새물결, 2013.

피에르 부르디외, 《구별짓기》 상하, 최종철 옮김, 새물결, 2005.

이승일, 장윤정, 「도시민의 문화자본과 문화적 취향분화-
관람형 여가소비를 중심으로-」, 《도시인문학연구》 1권 1호,

도시인문학연구소, 2009.

김주휘, 「실러의 미적 교육론: 미가 인간의 도덕적 삶에 기여하는 방식-미적취향과 형식충동을 중심으로-」, 《범한철학》 86권, 범한철학회, 2017.

김대군, 「도덕판단의 근거로서 "도덕적 취향"과 "도덕감"에 관한 연구」, 《윤리교육연구》 13호, 한국윤리교육학회, 2007.

조형근, 「식민지 대중문화와 대중의 부상: 취향과 유행의 혼종성을 중심으로」, 《사회와 역사》 111권, 111호, 한국사회사학회, 2016.

박혜성, 「한국 사회에서의 피아노의 문화적 의미: 예술적 취향에 내재한 계급성을 중심으로」, 《한국예술연구》 9호, 한국예술종합학교 한국예술연구소, 2014.

김수정, 최샛별, 「문학강좌를 통해 본 강남과 강북의 문화취향: 백화점 문화센터와 주민센터의 문화강좌를 중심으로」, 《문화경제연구》 15권 3호, 한국문화경제학회 2012.

정철희, 「탈물질주의, 자유취향, 지식인」, 《사회와 이론》 211권 21호, 한국이론사회학회, 2012.

배반인문학

취 향

1판 1쇄 발행 2021년 5월 21일
1판 4쇄 발행 2024년 10월 7일

지은이 · 심귀연
펴낸이 · 주연선

총괄이사 · 이진희
책임편집 · 한재현
표지 및 본문 디자인 · 박민수
마케팅 · 장병수 김진겸 이선행 강원모 정혜윤
관리 · 김두만 유효정 박초희

(주)은행나무
04035 서울특별시 마포구 양화로11길 54
전화 · 02)3143-0651~3 | 팩스 · 02)3143-0654
신고번호 · 제 1997—000168호(1997. 12. 12)
www.ehbook.co.kr
ehbook@ehbook.co.kr

ISBN 979-11-6737-026-6 (04100)
ISBN 979-11-6737-005-1 (세트)